La machine à pain

300 recettes

300 photographies

La machine à pain, tomes 1 à 4,
à partir desquels a été effectuée la sélection
des recettes de cet ouvrage.

La machine à pain
300 recettes
300 photographies

Recettes de Rébecca Pugnale, Christel Cousin,
Cécile Le Hingrat, Sandra de Marin
Photographies de Jean-Pierre Duval

Romain Pages Éditions

Sommaire

***Abréviations utilisées pour les unités de mesure*:**
cc : cuillère à café ; cs : cuillère à soupe ; g : gramme ; ml : millilitre ; cl : centilitre.

Introduction

Portez attention à ces quelques pages préliminaires, elles contiennent des informations importantes pour le bon déroulement de vos recettes.

La qualité et la fraîcheur des ingrédients utilisés ainsi que l'exactitude de la pesée sont les éléments essentiels de la réussite du pain. Nous énumérons ci-dessous les divers ingrédients utilisés et leurs propriétés.

La farine : la farine de blé est classée en fonction de la quantité de son qu'elle contient et du taux de cendres. (Le taux de cendres est la matière minérale restant après combustion pendant 2 heures dans un four à 900 °C.)
– Farine blanche classique : T 45 (pâtisserie), T 55 ou T 65.
– Farine bise : T 80.
– Farine complète : à partir de T 110 (T 130, T 150, T 170).
(Remarque : les farines de seigle se classent de la même manière, de T 70 à T 170.)
Dans l'indication du type, le nombre correspond donc à une farine plus ou moins riche en son, fibres, vitamines, minéraux et oligo-éléments.

L'utilisation d'une proportion importante de farine riche en son donnera un pain moins levé. La quantité d'eau nécessaire variera aussi en fonction du type de farine, faites attention à la consistance de la pâte qui, une fois formée, doit être souple et élastique, sans coller à la cuve.

Les farines peuvent être classées en deux groupes : panifiables et non panifiables. Les farines panifiables sont riches en gluten, nécessaire à la levée du pain, ce sont en particulier les farines de blé, d'épeautre et de kamut. Les farines peu ou moins panifiables quant à elles (seigle, maïs, sarrasin, châtaigne…) doivent être utilisées en complément d'une farine panifiable, et dans des proportions allant de 10 à 50 % selon le cas (certaines ont un goût très puissant et doivent par conséquent être utilisées avec parcimonie).

La levure de boulangerie (*saccharomyces cerevisiae*) : c'est la levure qui entre dans la composition du pain, elle existe sous différentes formes : levure fraîche (que l'on trouve en cubes chez le boulanger), levure déshydratée en grains ou levure déshydratée en poudre. Les deux premières doivent être mélangées à un peu de liquide tiède avant d'être utilisées – en effet la levure est vivante et a besoin d'une température proche de 37 °C, en deçà elle sera peu efficace, au-delà elle risque d'être tuée. Seule la levure déshydratée en poudre, dite instantanée, peut être placée telle quelle dans la cuve de votre machine. Cette levure instantanée est la plus adaptée à l'utilisation en machine à pain.
Le levain fermentescible : vous pouvez utiliser du levain fermentescible à la place de la levure. C'est un levain naturel déshydraté que l'on trouve dans les magasins biologiques. Il produit une levée et un goût différents. La proportion à utiliser est de 2 cuillères à soupe pour 500 grammes de farine.
La levure chimique : elle ne peut servir qu'à la préparation de cakes ou gâteaux.

Les liquides : il faut préférer un liquide à température ambiante ou légèrement tiédi (pas au-delà de 38 °C), afin d'assurer une bonne réaction de la levure. Vous pouvez utiliser de l'eau, du lait, des jus de fruits ou de légumes. Mesurez-les de façon précise (en fonction de la recette, de la nature de la farine et du taux d'hydratation de votre machine, cf. plus bas) afin d'obtenir un résultat satisfaisant.

Le sel : il est essentiel pour la fabrication du pain, il donne du goût et participe à une bonne levée de la pâte. Il doit être dosé avec précision car trop peu de sel engendre une levée trop importante suivie d'un affaissement à la cuisson, tandis qu'en trop grande quantité il ralentit excessivement le processus de fermentation.
Prenez garde à toujours utiliser du sel fin (le gros sel risque de rayer la cuve de votre machine), et préférez un sel non raffiné. Attention, sel et levure ne doivent pas entrer en contact avant que le pétrissage soit réalisé par la machine.

Le sucre : il participe également au processus de fermentation et aide à obtenir une belle croûte dorée. Il doit, comme le sel, être dosé avec justesse. Vous pouvez utiliser du sucre raffiné, du sucre roux, de la cassonade, du miel, de la mélasse ou encore du sirop d'érable.

Les autres ingrédients :

La matière grasse : la présence de matière grasse donne un pain plus moelleux et améliore le goût. On peut utiliser toutes sortes de matières grasses, mais le beurre ou l'huile d'olive restent les plus savoureux. Utilisez toujours le beurre bien ramolli ou fondu.

Le lait et les produits laitiers : l'utilisation de lait ou d'autres produits laitiers ajoute à la valeur nutritive du pain et modifie bien sûr son goût et sa consistance, il joue également sur la couleur de la croûte. Vous pouvez utiliser des produits frais ou ajouter un peu de lait en poudre.

Les œufs : ils entrent dans la composition des pains briochés et brioches, modifiant le goût et la texture du pain et contribuant à sa levée. Ils sont à compter comme liquide dans le rapport éléments liquides / éléments solides.

Les parfums : épices, graines, fruits et légumes secs ou frais peuvent être ajoutés au pain. À l'exception des épices en poudre – qui peuvent être placées dès le début, avec la farine –, il faut placer ces ingrédients dans la cuve au bip sonore de la machine, afin qu'ils ne soient pas broyés lors du pétrissage mais simplement mélangés à la pâte.
Enfin, il ne faut pas ajouter ces ingrédients en trop grande quantité afin de ne pas nuire à la levée de la pâte.

Toutes les étapes de la fabrication du pain, de la levée à la cuisson, sont assurées par votre machine. Il ne vous reste ensuite qu'à le laisser reposer sur une grille durant une heure avant de le déguster.
Nous vous conseillons, si vous débutez, de vous faire la main avec une recette simple jusqu'à la maîtriser parfaitement (chaque machine est différente et nécessite un apprentissage !), prenez en note précisément les changements auxquels vous procédez par rapport à la recette initiale afin de garder cela comme référence.

Note de l'éditeur : il existe dans le commerce des farines et levure élaborées spécifiquement pour la réalisation de pains. Certaines recettes de cet ouvrage préconisent l'emploi de ces produits (farine spéciale pain, levure boulangère spéciale pain).

Utilisation de la machine à pain

Le poids du pain : le poids d'un pain se calcule en ajoutant le poids de tous les ingrédients secs + la moitié du poids des ingrédients liquides (un œuf pèse environ 50 à 60 g selon sa taille).
Nous avons dans cet ouvrage donné les proportions pour une certaine quantité de farine (qui varie d'une recette à l'autre) et indiqué la taille approximative du pain ainsi confectionné. Si vous souhaitez réaliser un pain plus gros ou plus petit, à vous de jouer avec la règle de trois pour réajuster l'ensemble des proportions.
Attention, pour une recette contenant des œufs nous vous conseillons de prendre comme base la quantité d'œuf et de calculer les autres ingrédients en fonction ! (par exemple si la recette est donnée avec 3 œufs et que vous voulez un poids de pain inférieur, alors calculez les proportions à mettre pour 2 œufs).

La quantité de liquide : chaque machine possède son propre taux d'hydratation.
Le taux d'hydratation est le rapport idéal entre la quantité de liquides (eau, lait, œuf, huile) et la quantité de farine. Le type de la farine ainsi que son degré d'humidité ont également une incidence, mais vous parviendrez toutefois facilement à déterminer le taux d'hydratation de votre machine dans les conditions habituelles d'utilisation.
Vous devez calculer le taux d'hydratation en préparant une recette simple et en vérifiant si la quantité d'eau indiquée est satisfaisante ou non. En 10 minutes environ il doit se former une boule souple et élastique, ne collant pas aux parois de la cuve.
Si la pâte qui se forme est trop sèche, ajoutez de l'eau par petites quantités (mesurées précisément), en attendant entre chaque ajout, jusqu'à ce que la boule se forme. À l'inverse, si la quantité de liquide donnée dans la recette est trop importante, ajoutez de la farine toujours par petites quantités précises.
Notez la proportion liquide-farine, vous déduisez ainsi le taux d'hydratation de votre machine, taux que vous pourrez alors utiliser pour les autres recettes.

- Taux d'hydratation = (quantité d'eau / quantité de farine) x 100.
- Quantité d'eau = (taux d'hydratation / 100) x quantité de farine.

Les programmes : étant donné qu'il existe, selon les machines, une variété d'appellations pour les programmes, nous précisons ci-dessous celles utilisées dans l'ouvrage, avec certains de leurs équivalents les plus courants. (Certaines machines peuvent donc avoir des programmes non mentionnés ici ou à l'inverse ne pas posséder certains programmes nommés ici.)
À ces programmes correspondent des temps de cuisson, là encore reportez-vous au manuel de votre machine pour plus de précisions, car d'une machine à l'autre la durée des programmes varie ; les durées données ici sont purement indicatives.

Pain normal (pain basique)	environ 3 h
Pain complet	environ 3h 40
Pain français (pain blanc)	environ 3 h 50
Pain brioché (pain sucré)	environ 3 h
Pâtisserie (gâteaux, cake)	environ 2 h
Pâte	environ 1 h 30
Confiture	environ 1 h
Cuisson	environ 1 h

Option croûte : il est fait mention dans les recettes du choix de la couleur de croûte. Toutes les machines à pain ne disposent pas de cette option qui permet d'obtenir un pain plus ou moins doré.

Remarques : si vous avez des problèmes d'utilisation avec votre machine à pain, nous vous conseillons de prendre contact avec le service après vente du fabricant, ils seront les plus à même de vous renseigner sur les spécificités de votre machine. Reportez-vous en page 11 pour une aide à la résolution des défauts d'aspect de votre pain.

Fabrication d'un pain étape par étape

1- Mettez la pale au fond du moule à pain.

2- Pesez les ingrédients avec précision.

3- Versez les liquides, le sel et le sucre puis les autres ingrédients hormis la levure.

4- Recouvrez avec la farine.

5- Terminez par la levure.

6- Remettez le moule à pain dans le corps de l'appareil.

7- Sélectionnez le programme et la couleur de croûte.

8- Démoulez le pain.

9- Laissez-le refroidir sur une grille au moins une heure avant de le découper.

L'ordre des ingrédients dans la machine peut différer d'une machine à l'autre – généralement il s'agit simplement de mettre les liquides en premier ou à l'inverse en dernier lieu –, référez-vous aux instructions du fabricant. Dans tous les cas il faut bien prendre garde à ce que sel et levure ne soient pas mis en contact direct.

Problèmes et solutions

Pain effondré et creusé ou pain monté en forme de champignon

– Trop de liquide :	Réduisez la quantité de liquide d'1 cuillère à soupe. Après 10 minutes environ de pétrissage la cuve doit être propre et la pâte souple et lisse, si elle est trop humide ajoutez de la farine par cuillerée, en attendant entre chaque ajout, jusqu'à obtenir la consistance voulue.
– Trop de levure :	Réduisez la quantité de levure d'1/4 de cuillère à café.
– Trop de sucre :	Réduisez la quantité de sucre d'1 cuillère à café (attention, si vous ajoutez des fruits la quantité de sucre augmente).
– Pas assez de sel :	Augmentez la quantité de sel d'1/4 de cuillère à café (le minimum nécessaire étant 1/2 cuillère à café pour 450 g de farine).

Pain à surface irrégulière

– Pas assez de liquide :	Augmentez la quantité de liquide d'1 cuillère à soupe, en attendant entre chaque ajout, jusqu'à obtenir la consistance voulue.
– Pas assez de gluten :	Réduisez la quantité de farine non panifiable au profit de farine panifiable.
– Trop d'ajouts :	Diminuez la quantité d'ingrédients supplémentaires.

Pain pas suffisamment levé

– Pas assez de levure :	Vérifiez que la levure utilisée ne soit pas périmée. Faites attention à ce que la levure ne soit pas mise en contact avec le sel dans la cuve. Augmentez la quantité de levure d'1/4 de cuillère à café.
– Pas assez de liquide :	Augmentez la quantité de liquide d'1 cuillère à soupe, en attendant entre chaque ajout, jusqu'à obtenir la consistance voulue.
– Trop de sel :	Réduisez la quantité d'1/4 de cuillère à café.
– Pas assez de sucre :	Augmentez la quantité de sucre d'1 cuillère à café.
– Trop d'ajouts :	Diminuez la quantité d'ingrédients supplémentaires.

Pain trop grillé

– Trop de sucre :	Réduisez la quantité de sucre d'1 cuillère à café.
– Trop de gras :	Réduisez la quantité de matière grasse d'1 cuillère à café.
– Choix croûte foncée :	Baissez d'un degré l'option de couleur de croûte.

Pain blanc

Programme : pain normal ou français
Pour 1 pain de : 650 g environ

- 500 g de farine T 55
- 20 g de beurre
- 1 cs de lait en poudre
- 300 ml d'eau
- 1,5 cc de levure déshydratée
- 2,5 cc de sucre
- 1,5 cc de sel

Placez les ingrédients dans la cuve dans l'ordre préconisé par le constructeur. Sélectionnez le programme et choisissez la couleur de croûte désirée.

Pain français

Programme : pain français
Pour 1 pain de : 650 g environ

- 500 g de farine T 55
- 1 cs de lait en poudre
- 300 ml d'eau
- 1,5 cc de levure déshydratée
- 2,5 cc de sucre
- 1,5 cc de sel

Placez les ingrédients dans la cuve dans l'ordre préconisé par le constructeur. Sélectionnez le programme et choisissez la couleur de croûte désirée.

C'est un pain très bon et très aéré, mais ne contenant pas de matières grasses, il sèche très vite. Il sera donc à consommer le jour même.

Baguettes

Programme : pâte
Cuisson : 25 à 30 minutes
Pour : 4 petites baguettes

Levain :

- 150 g de farine T 55
- 150 ml d'eau
- 1 cc de levure déshydratée instantanée

Pâte :

- 360 g de farine T 55
- 150 ml d'eau
- 1 cc de levure déshydratée instantanée
- 10 g de sel

Levain : Dans un saladier, délayez énergiquement au fouet pendant environ 2 minutes la farine et la levure préalablement délayée dans l'eau. Le mélange obtenu ne doit pas présenter de grumeaux. Couvrez d'un film alimentaire et laissez fermenter 24 heures à température ambiante.
Pâte : Ajoutez les ingrédients dans la cuve dans l'ordre suivant : 150 ml d'eau, 10 g de sel, 180 g de farine, 1 cc de levure, 180 g de farine restant. En dernier ajoutez le levain. Sélectionnez le programme. Une fois qu'il est terminé, farinez-vous les mains, sortez délicatement la pâte de la machine. Sur un plan de travail légèrement fariné divisez la pâte en 4 pâtons de poids égal. Couvrez-les d'un torchon humide et laissez reposer 30 minutes. Façonnez ensuite les baguettes de la manière suivante : prenez un pâton, aplatissez-le délicatement afin d'obtenir un rectangle en prenant soin de ne pas trop écraser la pâte, ramenez les deux extrémités vers son milieu. Repliez le pâton en deux dans le sens horizontal et soudez les bouts joints avec la paume des mains. Placez la soudure sur le dessus et, avec les deux mains sur le pâton, commencez à le faire rouler sur lui-même en écartant progressivement les mains jusqu'à obtenir la taille désirée. Placez la baguette façonnée dans le moule à baguette, la soudure en dessous. Faites de même pour les pâtons restant. Couvrez d'un linge humide et laissez lever 1 h à température ambiante. Préchauffez le four à 250 °C en plaçant un récipient rempli d'eau dans le fond. Une fois le four chaud, entaillez le dessus des baguettes de 3 entailles faites dans la longueur à l'aide d'une lame de rasoir ou d'un couteau très aiguisé sur environ 1 cm de profondeur et vaporisez d'eau légèrement salée. Enfournez immédiatement après la coupe. Au bout de 20 minutes baissez la température à 210 °C et poursuivez la cuisson environ 5 à 10 minutes suivant la couleur désirée. Les baguettes doivent avoir une belle couleur dorée. Pour vérifier si elles sont cuites, tapez sur le dessous cela doit sonner creux. Laissez refroidir au moins 1 h sur une grille.

Baguettes torsadées au sésame

Programme : pâte
Cuisson : 25 à 30 minutes
Pour : 4 petites baguettes

Levain :

- 150 g de farine T 55
- 150 ml d'eau
- 1 cc de levure déshydratée instantanée

Pâte :

- 360 g de farine T 55
- 20 g de graines de sésame
- 1 cs d'huile d'olive
- 140 ml d'eau
- 1 cc de levure déshydratée instantanée
- 10 g de sel

Glaçage :

- 2 cs de graines de sésame
- 2 cs de beurre fondu

Levain : Dans un saladier, délayez énergiquement au fouet pendant environ 2 minutes la farine et la levure préalablement délayée dans l'eau. Le mélange obtenu ne doit pas présenter de grumeaux. Couvrez d'un film alimentaire et laissez fermenter 24 heures à température ambiante.

Pâte : Ajoutez les ingrédients dans la cuve dans l'ordre suivant : 140 ml d'eau, 1 cs d'huile d'olive, 10 g de sel, 180 g de farine, 1 cc de levure, 180 g de farine restant. En dernier ajoutez le levain. Sélectionnez le programme. En milieu de programme ajoutez les graines de sésame. Une fois qu'il est terminé, farinez-vous les mains, sortez délicatement la pâte. Sur un plan de travail légèrement fariné divisez-la en 4 pâtons de poids égal. Couvrez-les d'un torchon humide et laissez reposer 30 minutes. Façonnez ensuite 4 longs boudins de pâte en gardant le principe du façonnage des baguettes : prenez un pâton, aplatissez-le délicatement afin d'obtenir un rectangle en prenant soin de ne pas trop écraser la pâte, ramenez les deux extrémités vers son milieu. Repliez le pâton en deux dans le sens horizontal et soudez les bouts joints avec la paume des mains. Placez la soudure sur le dessus, et avec les deux mains sur le pâton, commencez à le faire rouler sur lui-même en écartant progressivement les mains jusqu'à la taille désirée, environ 40 cm. Coupez le boudin d'une extrémité à l'autre en son milieu en prenant soin de ne pas couper le dernier centimètre afin qu'elles restent attachées, puis torsadez les deux parties entre elles. Faites de même pour les 3 boudins de pâte restant. Placez les baguettes sur une plaque de cuisson recouverte de papier sulfurisé en les espaçant bien car la pâte va gonfler. Couvrez d'un linge humide et laissez lever 1 h à température ambiante. Préchauffez le four à 250 °C en plaçant un récipient rempli d'eau dans le fond. Une fois le four chaud, faites fondre 2 cs de beurre, laissez tiédir. À l'aide d'un pinceau, badigeonnez les baguettes avec le beurre fondu et saupoudrez de graines de sésame. Enfournez immédiatement. Au bout de 20 minutes baissez la température à 210 °C et poursuivez la cuisson environ 5 à 10 minutes suivant la couleur désirée. Les baguettes doivent avoir une belle couleur dorée. Pour vérifier si elles sont cuites, tapez sur le dessous, cela doit sonner creux. Laissez refroidir au moins 1 h sur une grille.

Pain complet

Programme : pain complet
Pour 1 pain de : 650 g environ

- 100 g de farine blanche
- 400 g de farine complète
- 15 g de beurre
- 330 ml d'eau
- 2 cc de levure déshydratée
- 1 cs de sucre
- 1,5 cc de sel

Placez les ingrédients dans la cuve dans l'ordre préconisé par le constructeur.
Sélectionnez le programme et choisissez la couleur de croûte désirée.

Pain complet à l'anis

Programme : pain complet
Pour 1 pain de : 550 g environ

- 300 g de farine spéciale pain
- 100 g de farine complète
- 15 g de beurre
- 1 cs de graines d'anis
- 240 ml d'eau
- 2 cc de levure boulangère spéciale pain
- 2 cc de sucre
- 1 cc de sel

Placez l'eau, le beurre fondu, le sel et le sucre au fond de la cuve. Versez par-dessus les farines puis la levure boulangère, sans que celle-ci entre en contact avec le sel.
Sélectionnez le programme et choisissez la couleur de croûte désirée.
Au bip, ajoutez les graines d'anis.

Pain complet aux œufs

Programme : pain normal
Pour 1 pain de : 700 g environ

- 100 g de farine blanche
- 400 g de farine complète
- 1 œuf
- 15 g de beurre
- 330 ml d'eau environ
- 2 cc de levure déshydratée
- 1 cs de sucre
- 1,5 cc de sel

Battez l'œuf dans un verre mesureur et ajoutez de l'eau jusqu'à 330 ml.
Placez les ingrédients dans la cuve dans l'ordre préconisé par le constructeur.
Sélectionnez le programme et choisissez la couleur de croûte désirée.

Pain à la farine complète

Programme : pain complet
Pour 1 pain de : 550 g environ

- 200 g de farine spéciale pain
- 200 g de farine complète
- 20 g de beurre
- 220 ml d'eau
- 2 cc de levure boulangère spéciale pain
- 2 cc de sucre
- 1 cc de sel

Placez l'eau, le beurre fondu, le sel et le sucre au fond de la cuve. Versez par-dessus les farines puis la levure boulangère, sans que celle-ci entre en contact avec le sel.
Sélectionnez le programme et choisissez la couleur de croûte désirée.

Pain complet multicéréales

Programme : pain complet
Pour 1 pain de : 700 g environ

- 200 g de farine spéciale pain ou spéciale pain multicéréales
- 150 g de farine complète
- 150 g de farine de seigle spéciale pain
- 20 g de graines de sésame
- 20 g de graines de lin noir
- 20 g de graines de tournesol
- 300 ml d'eau
- 2 cs d'huile d'olive
- 2 cc de levure boulangère spéciale pain
- 1 cs de sucre
- 1,5 cc de sel

Placez l'eau, l'huile, le sel et le sucre, au fond de la cuve. Versez par-dessus les farines puis la levure boulangère, sans que celle-ci entre en contact avec le sel.
Sélectionnez le programme et choisissez la couleur de croûte désirée. Au bip, ajoutez toutes les graines.

Pain complet aux cèpes

Programme : pain complet
Pour 1 pain de : 550 g environ

- 100 g de farine complète
- 300 g de farine spéciale pain
- 3 morceaux de cèpe déshydratés
- 1 cs de persil ciselé
- 220 ml d'eau tiède
- 1 cs d'huile d'olive
- 2 cc de levure boulangère spéciale pain
- 2 cc de sucre
- 1 cc de sel

Faites tremper les cèpes pendant 15 minutes dans les 220 ml d'eau tiède. Récupérez cette eau pour le pain.
Placez l'eau, l'huile, le sel et le sucre au fond de la cuve.
Versez par-dessus les farines puis la levure boulangère, sans que celle-ci entre en contact avec le sel.
Sélectionnez le programme et choisissez la couleur de croûte désirée.
Au bip, ajoutez les cèpes et le persil.

Pain complet ail et coriandre

Programme : pain complet ou français
Pour 1 pain de : 700 g environ

- 400 g de farine spéciale pain
- 100 g de farine complète
- 1 gousse d'ail
- 2 cs de coriandre en poudre
- 320 ml d'eau
- 1 cs d'huile d'olive
- 2 cc de levure boulangère spéciale pain
- 1 cs de sucre
- 1,5 cc de sel

Placez l'eau, l'huile, le sel, le sucre, l'ail épluché et écrasé et la coriandre au fond de la cuve. Versez par-dessus les farines puis la levure boulangère, sans que celle-ci entre en contact avec le sel.
Sélectionnez le programme et choisissez la couleur de croûte désirée.

Pain de son

Programme : pain normal ou français
Pour 1 pain de : 700 g environ

- 450 g de farine T 55
- 50 g de farine complète
- 50 g de son de blé
- 20 g de beurre
- 1 cs de lait en poudre
- 310 ml d'eau
- 1,5 cc de levure déshydratée
- 2,5 cc de sucre
- 1,5 cc de sel

Placez les ingrédients dans la cuve dans l'ordre préconisé par le constructeur. Sélectionnez le programme et choisissez la couleur de croûte désirée.

Le pain de son est très riche en fibres, ce qui facilite le transit intestinal.

Pain aux céréales

Programme : pain normal ou français
Pour 1 pain de : 650 g environ

- 250 g de farine T 55
- 250 g de farine 6 céréales
- 20 g de beurre
- 1 cs de lait en poudre
- 300 ml d'eau
- 1,5 cc de levure déshydratée
- 2,5 cc de sucre
- 1,5 cc de sel

Placez les ingrédients dans la cuve dans l'ordre préconisé par le constructeur. Sélectionnez le programme et choisissez la couleur de croûte désirée.

Si vous ne trouvez pas de farine aux céréales vous pourrez mélanger : 30 g de farine de maïs, de seigle, d'avoine, d'orge, de sarrasin, de soja et de farine de riz. Au bip, ajoutez des graines de lin brun, lin jaune, millet, tournesol, sésame et pavot pour un poids ne dépassant pas 50 g. C'est le compagnon idéal de la charcuterie mais tout aussi délicieux avec du beurre au petit déjeuner.

Pain aux céréales et fruits secs

Programme : pain complet
Pour 1 pain de : 750 g environ

- 400 g de farine spéciale pain multicéréales
- 100 g de farine complète
- 40 g de raisins secs
- 40 g d'abricots secs
- 20 g de beurre
- 320 ml d'eau
- 2 cc de levure boulangère spéciale pain
- 2,5 cc de sucre
- 1,5 cc de sel

Placez l'eau, le beurre fondu, le sel et le sucre au fond de la cuve. Versez par-dessus les farines puis la levure boulangère, sans que celle-ci entre en contact avec le sel. Sélectionnez le programme et choisissez la couleur de croûte désirée.
Au bip, ajoutez les raisins secs et abricots.

Pain aux céréales et noisettes

Programme : pain normal
Pour 1 pain de : 600 g environ

- 400 g de farine spéciale pain multicéréales
- 80 g de noisettes entières
- 210 ml d'eau
- 20 ml de lait
- 2 cs d'huile de noisette
- 2 cc de levure boulangère spéciale pain
- 1 cs de sucre
- 1 cc de sel

Placez l'eau, le lait, l'huile, le sel et le sucre au fond de la cuve. Versez par-dessus la farine puis la levure boulangère, sans que celle-ci entre en contact avec le sel.
Sélectionnez le programme et choisissez la couleur de croûte désirée.
Au bip, ajoutez les noisettes.

Pain aux flocons d'avoine

Programme : pain normal ou français
Pour 1 pain de : 700 g environ

- 500 g de farine T 55
- 60 g de flocons d'avoine
- 20 g de beurre
- 1 cs de lait en poudre
- 300 ml d'eau
- 1,5 cc de levure déshydratée
- 2,5 cc de sucre
- 1,5 cc de sel

Placez les ingrédients dans la cuve dans l'ordre préconisé par le constructeur. Sélectionnez le programme et choisissez la couleur de croûte désirée. Au bip, ajoutez les flocons d'avoine.

Vous pouvez sans problème remplacer les flocons d'avoine par du muesli nature, sucré ou aux fruits. C'est un pain énergétique et savoureux.

Pain au sarrasin

Programme : pain normal ou français
Pour 1 pain de : 650 g environ

- 400 g de farine blanche
- 100 g de farine de sarrasin
- 1 cs de beurre ou d'huile
- 330 ml d'eau
- 2 cc de levure instantanée
- 1 cs de sucre
- 1,5 cc de sel

Placez les ingrédients dans la cuve dans l'ordre préconisé par le constructeur.
Sélectionnez le programme et choisissez la couleur de croûte désirée.

Pain sarrasin et cidre

Programme : pain complet
Pour 1 pain de : 550 g environ

- 200 g de farine de sarrasin
- 200 g de farine spéciale pain
- 15 g de beurre
- 260 ml de cidre éventé
- 2 cc de levure boulangère spéciale pain
- 1 cs de sucre
- 1 cc de sel

Placez le cidre, le beurre fondu, le sel et le sucre au fond de la cuve. Versez par-dessus les farines puis la levure boulangère, sans que celle-ci entre en contact avec le sel. Sélectionnez le programme et choisissez la couleur de croûte désirée.

Pain au sésame

Programme : pain normal
Pour 1 pain de : 700 g environ

- 500 g de farine spéciale pain
- 50 g de graines de sésame
- 300 ml d'eau
- 2 cs d'huile d'olive
- 1,5 cc de levure boulangère spéciale pain
- 2,5 cs de sucre
- 1,5 cc de sel

Placez l'eau, l'huile, le sel et le sucre au fond de la cuve. Versez par-dessus la farine puis la levure boulangère, sans que celle-ci entre en contact avec le sel.
Sélectionnez le programme et choisissez la couleur de croûte désirée.
Au bip, ajoutez les graines de sésame.

Pain aux graines de lin

Programme : pain normal ou français
Pour 1 pain de : 700 g environ

- 400 g de farine T 55
- 50 g de farine complète
- 50 g de farine de seigle
- 40 g de graines de lin
- 20 g de beurre
- 1 cs de lait en poudre
- 300 ml d'eau
- 1,5 cc de levure déshydratée
- 2,5 cc de sucre
- 1,5 cc de sel

Placez les ingrédients dans la cuve dans l'ordre préconisé par le constructeur. Sélectionnez le programme et choisissez la couleur de croûte désirée. Au bip, ajoutez les graines de lin.

Vous pouvez aussi mettre des graines de sésame à la place ou en complément. Ce pain est délicieux toasté.

Pain de campagne en couronne

Programme : pâte
Cuisson : 40 minutes
Pour 1 pain de : 700 g environ

Levain :

- 100 g de farine T 55
- 50 g de farine de seigle
- 150 ml d'eau
- 1 cc de levure déshydratée instantanée

Pâte :

- 360 g de farine T 55
- 150 ml d'eau
- 1 cc de levure déshydratée instantanée
- 10 g de sel

LEVAIN :
Dans un saladier, délayez énergiquement au fouet pendant environ 2 minutes les farines et la levure préalablement délayée dans l'eau. Le mélange obtenu ne doit pas présenter de grumeaux. Couvrez d'un film alimentaire et laissez fermenter 24 heures à température ambiante.

PÂTE :
Ajoutez les ingrédients dans la cuve dans l'ordre suivant : 150 ml d'eau, 10 g de sel, 180 g de farine, 1 cc de levure, 180 g de farine restant. En dernier ajoutez le levain. Sélectionnez le programme. Une fois qu'il est terminé, farinez-vous les mains, sortez délicatement la pâte de la machine. Sur un plan de travail légèrement fariné façonnez rapidement une boule. Couvrez-la d'un torchon humide et laissez reposer 30 minutes. Au bout de ces 30 minutes aplatissez délicatement le pâton, et façonnez une boule assez serrée. Plantez votre poing bien fariné au milieu de la boule et faites tourner la pâte autour de celui-ci afin que le trou s'agrandisse suffisamment pour ne pas se refermer pendant la deuxième levée de la pâte. Déposez délicatement la couronne sur la plaque de cuisson farinée. Laissez lever à nouveau entre 1 h et 1 h 30 selon la température ambiante. La pâte doit doubler de volume. Préchauffez le four à 250 °C en plaçant un récipient rempli d'eau dans le fond. Une fois le four chaud, saupoudrez le pain de farine, entaillez le dessus sur environ 1 cm de profondeur en suivant la forme de la couronne dans le sens de la longueur et vaporisez d'eau légèrement salée. Enfournez immédiatement après la coupe. Au bout de 15 minutes de cuisson baissez la température du four à 210 °C et poursuivez la cuisson environ 25 minutes. Au terme de la cuisson, le pain doit avoir une belle couleur dorée. Pour vérifier si le pain est cuit, tapez sur le dessous, cela doit sonner creux. Laissez refroidir au moins 1 h sur une grille.

Pain de campagne oignon et cerfeuil

Programme : pain normal ou français
Pour 1 pain de : 700 g environ

- 400 g de farine spéciale pain de campagne
- 150 g d'oignons
- 1 cs de cerfeuil ciselé
- 220 ml d'eau
- 1 cs d'huile d'olive
- 2 cc de levure boulangère spéciale pain
- 2 cc de sucre
- 1 cc de sel

Placez l'eau, l'huile, le sel et le sucre au fond de la cuve. Versez par-dessus la farine puis la levure boulangère, sans que celle-ci entre en contact avec le sel. Sélectionnez le programme et choisissez la couleur de croûte désirée. Au bip, ajoutez le cerfeuil et les oignons épluchés et coupés en morceaux.

Pain de campagne

Programme : pâte
Cuisson : 40 minutes environ
Pour 1 pain de : 700 g environ

Levain :

- 100 g de farine T 55
- 50 g de farine de seigle
- 150 ml d'eau
- 1 cc de levure déshydratée instantanée

Pâte :

- 360 g de farine T 55
- 150 ml d'eau
- 1 cc de levure déshydratée instantanée
- 10 g de sel

LEVAIN :
Dans un saladier, délayez énergiquement au fouet pendant environ 2 minutes les farines et la levure préalablement délayée dans l'eau. Le mélange obtenu ne doit pas présenter de grumeaux. Couvrez d'un film alimentaire et laissez fermenter 24 heures à température ambiante.

PÂTE :
Ajoutez les ingrédients dans la cuve dans l'ordre suivant :
150 ml d'eau, 10 g de sel, 180 g de farine, 1 cc de levure, 180 g de farine restant. En dernier ajoutez le levain. Sélectionnez le programme. Une fois qu'il est terminé, farinez-vous les mains, sortez délicatement la pâte de la machine. Sur un plan de travail légèrement fariné façonnez rapidement une boule. Couvrez-la d'un torchon humide et laissez reposer 30 minutes. Au bout de ces 30 minutes aplatissez délicatement le pâton, et façonnez une boule assez serrée que vous poserez délicatement sur la plaque de cuisson farinée. Laissez lever à nouveau entre 1 h et 1 h 30 selon la température ambiante.
La pâte doit doubler de volume. Préchauffez le four à 250 °C en plaçant un récipient rempli d'eau dans le fond. Une fois le four chaud, saupoudrez le pain de farine, entaillez le dessus sur environ 1 cm de profondeur en formant un quadrillage et vaporisez celui-ci d'eau légèrement salée. Enfournez immédiatement après la coupe. Au bout de 15 minutes de cuisson baissez la température du four à 210 °C et poursuivez la cuisson environ 25 minutes.
Au terme de la cuisson, le pain doit avoir une belle couleur dorée. Pour vérifier si le pain est cuit, tapez sur le dessous, cela doit sonner creux.
Laissez refroidir au moins 1 h sur une grille.

Pain de campagne aux figues

Programme : pain normal ou français
Pour 1 pain de : 600 g environ

- 400 g de farine spéciale pain de campagne
- 40 g de figues sèches
- 240 ml d'eau
- 1 cs d'huile d'olive
- 2 cc de levure boulangère spéciale pain
- 1 cs de sucre
- 1 cc de sel

Placez l'eau, l'huile, le sel et le sucre au fond de la cuve. Versez par-dessus la farine puis la levure boulangère, sans que celle-ci entre en contact avec le sel. Sélectionnez le programme et choisissez la couleur de croûte désirée.
Au bip, ajoutez les figues coupées en morceaux.

Pain de nos campagnes

Programme : pain complet
Pour 1 pain de : 700 g environ

- 250 g de farine spéciale pain ou spéciale pain de campagne
- 200 g de farine complète
- 50 g de farine de seigle spéciale pain
- 20 g de beurre
- 300 ml d'eau
- 1,5 cc de levure boulangère spéciale pain
- 2,5 cc de sucre
- 1,5 cc de sel

Placez l'eau, le beurre fondu, le sel et le sucre au fond de la cuve. Versez par-dessus les farines puis la levure boulangère, sans que celle-ci entre en contact avec le sel. Sélectionnez le programme et choisissez la couleur de croûte désirée.

Pain de campagne aux graines de courge

Programme : pain normal ou français
Pour 1 pain de : 650 g environ

- 400 g de farine spéciale pain de campagne
- 100 g de graines de courge
- 15 g de beurre
- 200 ml d'eau
- 40 ml de lait
- 2 cc de levure boulangère spéciale pain
- 2 cc de sucre
- 1 cc de sel

Placez l'eau, le lait, le beurre fondu, le sel et le sucre au fond de la cuve. Versez par-dessus la farine puis la levure boulangère, sans que celle-ci entre en contact avec le sel. Sélectionnez le programme et choisissez la couleur de croûte désirée.
Au bip, ajoutez les graines de courge.

Pain de campagne maïs et tournesol

Programme : pain français
Pour 1 pain de : 750 g environ

- 400 g de farine spéciale pain de campagne
- 100 g de farine de maïs
- 80 g de graines de tournesol
- 40 g de beurre
- 200 ml d'eau
- 100 ml de lait
- 2 cc de levure boulangère spéciale pain
- 2,5 cc de sucre
- 1,5 cc de sel

Placez l'eau, le lait, le beurre fondu, le sel et le sucre au fond de la cuve. Versez par-dessus les farines puis la levure boulangère, sans que celle-ci entre en contact avec le sel. Sélectionnez le programme et choisissez la couleur de croûte désirée.
Au bip, ajoutez les graines de tournesol.

Pain de campagne au jus de légumes

Programme : pain normal
Pour 1 pain de : 500 g environ

- 400 g de farine spéciale pain de campagne
- 1 cc de pimenton
- 120 ml de jus de légumes
- 100 ml d'eau
- 1 cs d'huile d'olive
- 2 cc de levure boulangère spéciale pain
- 1 cs de sucre
- 1 cc de sel de céleri

Placez l'eau, le jus de légumes, l'huile, le sel de céleri et le sucre au fond de la cuve. Versez par-dessus la farine puis la levure boulangère, sans que celle-ci entre en contact avec le sel. Sélectionnez le programme et choisissez la couleur de croûte désirée.
Au bip, ajoutez le pimenton.

Pain d'épeautre

Programme : pain français
Pour 1 pain de : 500 g environ

- 250 g de farine d'épeautre
- 150 g de farine spéciale pain
- 15 g de beurre
- 220 ml d'eau
- 2 cc de levure boulangère spéciale pain
- 2 cc de sucre
- 1 cc de sel

Placez l'eau, le beurre fondu, le sel, le sucre au fond de la cuve. Versez par-dessus les farines puis la levure boulangère, sans que celle-ci entre en contact avec le sel.
Sélectionnez le programme et choisissez la couleur de croûte désirée.

Pain d'épeautre pavot et sésame

Programme : pain français
Pour 1 pain de : 550 g environ

- 200 g de farine spéciale pain
- 200 g de farine d'épeautre
- 15 g de beurre
- 1 cs de graines de pavot
- 1 cs de graines de sésame
- 220 ml d'eau
- 2 cc de levure boulangère spéciale pain
- 2 cc de sucre
- 1 cc de sel

Placez l'eau, le beurre fondu, le sel, le sucre au fond de la cuve. Versez par-dessus les farines puis la levure boulangère, sans que celle-ci entre en contact avec le sel. Sélectionnez le programme et choisissez la couleur de croûte désirée.
Au bip, ajoutez les graines de pavot et de sésame.

Pain de seigle

Programme : pain normal ou français
Pour 1 pain de : 650 g environ

- 350 g de farine T 55
- 150 g de farine de seigle
- 20 g de beurre
- 1 cs de lait en poudre
- 300 ml d'eau
- 1,5 cc de levure déshydratée
- 2,5 cc de sucre
- 1,5 cc de sel

Placez les ingrédients dans la cuve dans l'ordre préconisé par le constructeur. Sélectionnez le programme et choisissez la couleur de croûte désirée.

La farine de seigle ne contenant pas de gluten, vous obtiendrez un pain plus dense.
Ce pain rustique à la saveur unique accompagne subtilement les plats de fruits de mer.

Pain de seigle aux noix

Programme : pain complet ou français
Pour 1 pain de : 700 g environ

- 350 g de farine spéciale pain
- 150 g de farine de seigle spéciale pain
- 50 g de cerneaux de noix
- 300 ml d'eau
- 2 cs d'huile d'olive
- 2 cc de levure boulangère spéciale pain
- 2 cc de sucre
- 1,5 cc de sel

Placez l'eau, l'huile, le sel et le sucre au fond de la cuve. Versez par-dessus les farines puis la levure boulangère, sans que celle-ci entre en contact avec le sel.
Sélectionnez le programme et choisissez la couleur de croûte désirée.
Au bip, ajoutez les noix hachées grossièrement.

Pain de seigle aux raisins

Programme : pain complet
Pour 1 pain de : 700 g environ

- 300 g de farine blanche
- 200 g de farine de seigle
- 50 g de raisins secs ou 25 g de raisins secs et 25 g de noix
- 15 g de beurre
- 320 ml d'eau
- 2,5 cc de levure déshydratée
- 1 cs de sucre
- 1,5 cc de sel

Placez les ingrédients dans la cuve dans l'ordre préconisé par le constructeur, à l'exception des raisins secs.
Sélectionnez le programme et choisissez la couleur de croûte désirée.
Au bip ajoutez les raisins secs.

Pain de seigle au poivre

Programme : pain français
Pour 1 pain de : 550 g environ

- 400 g de farine de seigle spéciale pain
- 1 cs de graisse de canard
- 1 cs de grains de poivre concassés
- 240 ml d'eau
- 2 cc de levure boulangère spéciale pain
- 2 cc de sucre
- 1 cc de sel

Placez l'eau, la graisse de canard, le sel et le sucre au fond de la cuve. Versez par-dessus la farine puis la levure boulangère, sans que celle-ci entre en contact avec le sel.
Sélectionnez le programme et choisissez la couleur de croûte désirée.
Au bip, ajoutez les grains de poivre.

Pain à la farine de châtaigne

Programme : pain normal ou français
Pour 1 pain de : 650 g environ

- 350 g de farine T 55
- 150 g de farine de châtaigne
- 20 g de beurre
- 1 cs de lait en poudre
- 300 ml d'eau
- 1,5 cc de levure déshydratée
- 2,5 cc de sucre
- 1,5 cc de sel

Placez les ingrédients dans la cuve dans l'ordre préconisé par le constructeur. Sélectionnez le programme et choisissez la couleur de croûte désirée.

Au bip, vous pourrez ajouter 100 g de châtaignes grossièrement hachées.
Ce pain est délicieux avec la charcuterie, les fromages mais aussi simplement tartiné avec du beurre. Il accompagnera à la perfection vos gibiers.

Pain châtaigne et graines de lin

Programme : pain français
Pour 1 pain de : 650 g environ

- 300 g de farine spéciale pain
- 100 g de farine de châtaigne
- 100 g de châtaignes au naturel
- 15 g de beurre
- 2 cs de graines de lin
- 230 ml d'eau
- 50 ml de lait
- 2 cc de levure boulangère spéciale pain
- 1 cs de sucre
- 1 cc de sel

Placez l'eau, le lait, le beurre fondu, le sel et le sucre au fond de la cuve. Versez par-dessus les farines puis la levure boulangère, sans que celle-ci entre en contact avec le sel. Sélectionnez le programme et choisissez la couleur de croûte désirée. Au bip, ajoutez les graines de lin et les châtaignes.

Si vous voulez que les châtaignes restent en morceaux, placez-les quelques heures dans le congélateur avant de les ajouter au pain.

Pain aux germes de blé

Programme : pain normal ou français
Pour 1 pain de : 700 g environ

- 500 g de farine T 55
- 60 g de germes de blé
- 20 g de beurre
- 1 cs de lait en poudre
- 300 ml d'eau
- 1,5 cc de levure déshydratée
- 2,5 cc de sucre
- 1,5 cc de sel

Placez les ingrédients dans la cuve dans l'ordre préconisé par le constructeur. Sélectionnez le programme et choisissez la couleur de croûte désirée.

Les germes de blé contenus dans ce pain apporteront à l'organisme des vitamines E et B ainsi que des sels minéraux. C'est un pain nourrissant à consommer avec de la charcuterie ou au petit déjeuner.

Pain germes de blé et huile d'olive

Programme : pain normal
Pour 1 pain de : 750 g environ

- 500 g de farine spéciale pain
- 50 g de germes de blé
- 300 ml d'eau
- 2,5 cs d'huile d'olive
- 2 cc de levure boulangère spéciale pain
- 2,5 cs de sucre
- 1,5 cc de sel

Placez l'eau, l'huile, le sel, le sucre et les germes de blé au fond de la cuve. Versez par-dessus la farine puis la levure boulangère, sans que celle-ci entre en contact avec le sel. Sélectionnez le programme et choisissez la couleur de croûte désirée.

Pain à la farine de kamut

Programme : pain complet
Pour 1 pain de : 650 g environ

- 500 g de farine de kamut
- 20 g de beurre
- 1 cs de lait en poudre
- 300 ml d'eau
- 1,5 cc de levure déshydratée
- 2,5 cc de sucre
- 1,5 cc de sel

Placez les ingrédients dans la cuve dans l'ordre préconisé par le constructeur. Sélectionnez le programme et choisissez la couleur de croûte désirée.

Cette farine oubliée pendant longtemps est remise au goût du jour. Elle est riche en saveur et donne au pain un léger goût de beurre.

Pain à l'orge

Programme : pain normal ou français
Pour 1 pain de : 650 g environ

- 350 g de farine T 55
- 150 g de farine d'orge
- 20 g de beurre
- 1 cs de lait en poudre
- 300 ml d'eau
- 1,5 cc de levure déshydratée
- 2,5 cc de sucre
- 1,5 cc de sel

Placez les ingrédients dans la cuve dans l'ordre préconisé par le constructeur. Sélectionnez le programme et choisissez la couleur de croûte désirée.

Ce pain au goût unique et méconnu sera le compagnon idéal de vos petits déjeuners ou repas. Essayez, vous ne le regretterez pas.

Pain à l'huile d'olive

Programme : pain normal
Pour 1 pain de : 650 g environ

- 500 g de farine spéciale pain
- 280 ml d'eau
- 3 cs d'huile d'olive
- 1,5 cc de levure boulangère spéciale pain
- 2,5 cc de sucre
- 1,5 cc de sel

Placez l'eau, l'huile, le sel et le sucre au fond de la cuve. Versez par-dessus la farine puis la levure boulangère, sans que celle-ci entre en contact avec le sel.
Sélectionnez le programme et choisissez la couleur de croûte désirée.

Pain italien

Programme : pain français
Pour 1 pain de : 650 g environ

- 500 g de farine T 55
- 2,5 cs d'huile d'olive
- 280 ml d'eau
- 1,5 cc de levure déshydratée
- 2,5 cc de sucre
- 1,5 cc de sel

Placez les ingrédients dans la cuve dans l'ordre préconisé par le constructeur. Sélectionnez le programme et choisissez la couleur de croûte désirée.

Ce pain d'origine italienne se marie à merveille avec un plat de tomates à la mozzarella.
Il trouvera parfaitement sa place sur votre table de tous les jours.

Petits pains serviettes

Programme : pâte
Cuisson : 25 minutes environ
Pour : 10 pains

Levain :

- 100 g de farine T 55
- 50 g de farine de seigle
- 150 ml d'eau
- 1 cc de levure déshydratée instantanée

Pâte :

- 360 g de farine T 55
- 1 cs d'huile d'olive ou de beurre
- 150 ml d'eau
- 1 cc de levure déshydratée instantanée
- 10 g de sel

Levain :
Dans un saladier, délayez énergiquement au fouet pendant environ 2 minutes les farines et la levure préalablement délayée dans l'eau. Le mélange obtenu ne doit pas présenter de grumeaux. Couvrez d'un film alimentaire et laissez fermenter 24 heures à température ambiante.

Pâte :
Ajoutez les ingrédients dans la cuve dans l'ordre suivant :
150 ml d'eau, 1 cs d'huile d'olive ou de beurre, 10 g de sel, 180 g de farine, 1 cc de levure, 180 g de farine restant. En dernier ajoutez le levain. Sélectionnez le programme. Une fois qu'il est terminé, farinez-vous les mains, sortez délicatement la pâte de la machine. Sur un plan de travail légèrement fariné détaillez rapidement la pâte en 10 morceaux. Couvrez-les d'un torchon humide et laissez reposer 30 minutes. Au bout de ces 30 minutes aplatissez délicatement le pâton, et façonnez des boules assez serrées que vous poserez délicatement sur la plaque de cuisson farinée.
Laissez lever à nouveau entre 1 h et 1 h 30 selon la température ambiante. La pâte doit doubler de volume.
Préchauffez le four à 250 °C en plaçant un récipient rempli d'eau dans le fond. Une fois le four chaud, saupoudrez les pains de farine, entaillez-les dessus sur environ 1 cm de profondeur en formant une croix et vaporisez celui-ci d'eau légèrement salée.
Enfournez immédiatement après la coupe. Au bout de 10 minutes de cuisson baissez la température du four à 210 °C et poursuivez la cuisson environ 15 minutes. Au terme de la cuisson, les petits pains doivent avoir une belle couleur dorée. Pour vérifier s'ils sont cuits, tapez sur le dessous, cela doit sonner creux. Laissez refroidir au moins 1 h sur une grille.

Petits provençaux

Programme : pâte
Cuisson : 25 minutes environ
Pour : 10 pains

Levain :
- 150 g de farine T 55
- 150 ml d'eau
- 1 cc de levure déshydratée instantanée

Pâte :
- 360 g de farine T 55
- 30 ml d'huile d'olive
- 2 cc d'herbes de Provence
- 120 ml d'eau
- 1 cc de levure déshydratée instantanée
- 10 g de sel

LEVAIN :
Dans un saladier, délayez énergiquement au fouet pendant environ 2 minutes la farine et la levure préalablement délayée dans l'eau. Le mélange obtenu ne doit pas présenter de grumeaux. Couvrez d'un film alimentaire et laissez fermenter 24 heures à température ambiante.

PÂTE :
Ajoutez les ingrédients dans la cuve dans l'ordre suivant : 120 ml d'eau, 30 ml d'huile d'olive, 10 g de sel, 180 g de farine, 1 cc de levure, 180 g de farine restant, 2 cc d'herbes de Provence. En dernier ajoutez le levain. Sélectionnez le programme. Une fois qu'il est terminé, farinez-vous les mains, sortez délicatement la pâte de la machine. Sur un plan de travail légèrement fariné détaillez rapidement la pâte en 10 morceaux. Couvrez-les d'un torchon humide et laissez reposer 30 minutes. Au bout de ces 30 minutes aplatissez délicatement les pâtons, et façonnez des boules assez serrées que vous poserez délicatement sur la plaque de cuisson farinée. Laissez lever à nouveau entre 1 h et 1 h 30 selon la température ambiante. La pâte doit doubler de volume. Préchauffez le four à 250 °C en plaçant un récipient rempli d'eau dans le fond. Une fois le four chaud, entaillez le dessus des pains sur environ 1 cm de profondeur en formant une croix et vaporisez d'eau légèrement salée. Enfournez immédiatement après la coupe. au bout de 10 minutes de cuisson baissez la température du four à 210 °C et poursuivez la cuisson environ 15 minutes. Au terme de la cuisson, les pains doivent avoir une belle couleur dorée. Pour vérifier s'ils sont cuits, tapez sur le dessous cela doit sonner creux. Laissez refroidir au moins 1 h sur une grille.

VARIANTE : Vous pouvez remplacer les herbes de Provence par 50 g d'olives vertes ou noires coupées en petits morceaux.

Petits pains invités

Programme : pâte
Préparation : 10 minutes
Repos : au moins 30 minutes
Cuisson : 20 minutes
Pour 8 pains de : 90 g environ

- 500 g de farine spéciale pain de campagne
- 20 g de beurre
- 320 ml d'eau
- graines variées (lin, sésame, pavot, tournesol...)
- épices variées (paprika, cumin, poivre...)
- 2 cc de levure boulangère spéciale pain
- 2 cc de sucre
- 1,5 cc de sel

Placez l'eau, le beurre fondu, le sel et le sucre au fond de la cuve. Versez par-dessus la farine puis la levure boulangère, sans que celle-ci entre en contact avec le sel. Sélectionnez le programme. Après la levée, sortez la pâte et divisez-la en 8 morceaux. Confectionnez 8 boules.

À l'aide d'un pinceau, badigeonnez-les d'eau salée. Parsemez-les de graines ou d'épices. Laissez lever à nouveau pendant 30 minutes à 1 heure, dans un endroit tiède et humide. Faites cuire 20 minutes au four à 210 °C (th. 7).

Pavés 7 céréales

Programme : pâte
Cuisson : 40 minutes environ
Pour : 6 pavés

Levain :
- 100 g de farine T 55
- 50 g de farine 7 céréales
- 150 ml d'eau
- 1 cc de levure déshydratée instantanée

Pâte :
- 200 g de farine T 55
- 160 g de farine 7 céréales
- 150 ml d'eau
- 1 cc de levure déshydratée instantanée
- 10 g de sel

LEVAIN :
Dans un saladier, délayez énergiquement au fouet pendant environ 2 minutes les farines et la levure préalablement délayée dans l'eau. Le mélange obtenu ne doit pas présenter de grumeaux. Couvrez d'un film alimentaire et laissez fermenter 24 heures à température ambiante.

PÂTE :
Ajoutez les ingrédients dans la cuve dans l'ordre suivant : 150 ml d'eau, 10 g de sel, 160 g de farine 7 céréales, 1 cc de levure, 200 g de farine T 55. En dernier ajoutez le levain. Sélectionnez le programme. Une fois qu'il est terminé, farinez-vous les mains, sortez délicatement la pâte de la machine. Sur un plan de travail légèrement fariné façonnez rapidement une boule. Couvrez-la d'un torchon humide et laissez reposer 30 minutes.
Au bout de ces 30 minutes abaissez la pâte en rectangle d'environ 2 cm d'épaisseur que vous déposerez délicatement sur la plaque de cuisson bien farinée. Laissez lever à nouveau entre 1 h et 1 h 30 selon la température ambiante.
La pâte doit doubler de volume. Préchauffez le four à 250 °C en plaçant un récipient rempli d'eau dans le fond. Une fois le four chaud, saupoudrez le pain de farine. À l'aide d'une roulette à pizza ou d'un couteau bien aiguisé coupez la pâte en deux dans le sens de la longueur et coupez chaque partie encore en trois. Espacez chaque morceau délicatement avec des mains farinées afin qu'ils ne se soudent pas entre eux durant la cuisson, vaporisez d'eau légèrement salée. Enfournez immédiatement après la coupe.
Au bout de 15 minutes baissez la température du four à 210 °C et poursuivez la cuisson environ 25 minutes. Au terme de la cuisson, les pavés doivent avoir une belle couleur dorée. Pour vérifier s'ils sont cuits, tapez sur le dessous cela doit sonner creux. Laissez refroidir au moins 1 h sur une grille.

Pain marocain

Programme : pâte
Préparation : 5 minutes
Repos : 30 minutes
Cuisson : 20 minutes
Pour 2 pains de : 250 g environ

- 400 g de semoule de blé dur extra-fine
- 210 ml d'eau
- 1 cs d'huile d'olive
- 2 cc de levure boulangère spéciale pain
- 2 cc de sucre
- 1 cc de sel

Placez l'eau, l'huile, le sel et le sucre au fond de la cuve. Versez par-dessus la semoule puis la levure boulangère, sans que celle-ci entre en contact avec le sel. Sélectionnez le programme. Après la levée, sortez la pâte et divisez-la en deux.

Sur un papier sulfurisé recouvert de semoule, confectionnez deux boules d'environ 5 cm d'épaisseur. Laissez lever à nouveau pendant 30 minutes, dans un endroit tiède et humide. Faites cuire au four à 210 °C (th. 7), pendant 20 minutes.

Pain au safran

Programme : normal ou français
Pour 1 pain de : 650 g environ

- 500 g de farine T 55
- 1 dose de safran
- 1,5 cs d'huile d'olive
- 285 ml de bouillon de volaille
- 1,5 cc de levure déshydratée
- 2,5 cc de sucre
- 1,5 cc de sel

Placez les ingrédients dans la cuve dans l'ordre préconisé par le constructeur.
Sélectionnez le programme et choisissez la couleur de croûte désirée.

Pain aux cèpes

Programme : pain normal
Pour 1 pain de : 650 g environ

- 400 g de farine blanche
- 100 g de farine complète
- 3 cèpes séchés coupés en morceaux
- 1 cs d'huile d'olive
- 320 ml d'eau
- 2 cc de levure instantanée
- 1 cs de sucre
- 1,5 cc de sel

Faites tremper les cèpes dans de l'eau chaude pendant 10 minutes, juste le temps de les ramollir, puis séchez-les sur du papier absorbant. Vous utiliserez l'eau de trempage en remplacement d'une partie du liquide requis. Placez les ingrédients dans la cuve dans l'ordre préconisé par le constructeur. Sélectionnez le programme et choisissez la couleur de croûte désirée.

Pain aux champignons

Programme : normal ou français
Pour 1 pain de : 750 g environ

- 500 g de farine T 55
- 80 g de champignons
- 1,5 cs de persillade
- 1,5 cs d'huile d'olive
- 285 ml d'eau
- 1,5 cc de levure déshydratée
- 2,5 cc de sucre
- 1,5 cc de sel

Placez les ingrédients dans la cuve dans l'ordre préconisé par le constructeur.
Sélectionnez le programme et choisissez la couleur de croûte désirée.
Au bip, ajoutez les champignons coupés en cubes et la persillade.

Ce pain est excellent avec une viande

Pain aux tomates

Programme : pain normal ou français
Pour 1 pain de : 650 g environ

- 500 g de farine T 55
- 1,5 tomate
- 1,5 cc d'ail en poudre
- 2 cc de basilic
- 1,5 cs d'huile d'olive
- 280 ml d'eau
- 1,5 cc de levure déshydratée
- 2,5 cc de sucre
- 1,5 cc de sel

Placez les ingrédients dans la cuve dans l'ordre préconisé par le constructeur. Sélectionnez le programme et choisissez la couleur de croûte désirée. Au bip, ajoutez les tomates pelées, épépinées et coupées en morceaux.

Ce pain est excellent avec une salade ou à l'apéritif.

Pain aux tomates séchées et aux olives

Programme : pain normal ou français
Pour 1 pain de : 700 g environ

- 500 g de farine T 55
- 30 g de tomates séchées
- 30 g d'olives (au choix)
- 3 cs de parmesan
- 1,5 cs d'huile d'olive
- 285 ml d'eau
- 1,5 cc de levure déshydratée
- 2,5 cc de sucre
- 1,5 cc de sel

Placez les ingrédients dans la cuve dans l'ordre préconisé par le constructeur. Sélectionnez le programme et choisissez la couleur de croûte désirée.
Au bip, ajoutez les olives et les tomates.

Ce pain est excellent avec une salade ou à l'apéritif.

Petits pains aux noix

Programme : pâte
Cuisson : 25 minutes
Pour : 10 pains

Levain :

- 100 g de farine de seigle
- 50 g de farine T 55
- 170 ml d'eau
- 1 cc de levure déshydratée instantanée

Pâte :

- 300 g de farine T 55
- 60 g de farine de seigle
- 60 g de noix concassées
- 1 cs d'huile d'olive ou de beurre
- 150 ml d'eau
- 1 cc de levure déshydratée instantanée
- 10 g de sel

Levain :
Dans un saladier, délayez énergiquement au fouet pendant environ 2 minutes les farines et la levure préalablement délayée dans l'eau. Le mélange obtenu ne doit pas présenter de grumeaux. Couvrez d'un film alimentaire et laissez fermenter 24 heures à température ambiante.

Pâte :
Ajoutez les ingrédients dans la cuve de votre machine à pain dans l'ordre suivant : 150 ml d'eau, 1 cs d'huile d'olive ou de beurre, 10 g de sel, 300 g de farine T 55, 1 cc de levure, 60 g de farine de seigle. En dernier ajoutez le levain. Sélectionnez le programme. Ajoutez 60 g de noix concassées au bip ou en milieu de pétrissage. Une fois le programme terminé, farinez-vous les mains, sortez délicatement la pâte de la machine. Sur un plan de travail légèrement fariné détaillez rapidement la pâte en 10 morceaux. Couvrez-les d'un torchon humide et laissez reposer 30 minutes. Aplatissez alors délicatement les pâtons, et façonnez des boules assez serrées que vous poserez délicatement sur la plaque de cuisson farinée. Laissez lever à nouveau entre 1 h et 1 h 30 selon la température ambiante. La pâte doit doubler de volume. Préchauffez le four à 250 °C en plaçant un récipient rempli d'eau dans le fond. Une fois le four chaud, saupoudrez les pains de farine, entaillez le dessus sur environ 1 cm de profondeur en formant une croix. Vaporisez d'eau légèrement salée. Enfournez immédiatement après la coupe. Au bout de 10 minutes de cuisson baissez la température à 210 °C et poursuivez la cuisson environ 15 minutes. Au terme de la cuisson, les petits pains doivent avoir une belle couleur dorée. Pour vérifier s'ils sont cuits, tapez sur le dessous cela doit sonner creux. Laissez refroidir au moins 1 h sur une grille.

Variantes : Vous pouvez remplacer les noix par des raisins secs ou bien faire un mélange raisins et noix.

Petits pains jambon/mozzarella

Programme : pâte
Cuisson : 15 à 20 minutes
Pour : 12 pains

Pâte :

- 500 g de farine T 55
- 1 œuf
- 30 g de beurre
- 150 ml de lait environ
- 150 ml d'eau environ
- 1,5 cc de levure déshydratée instantanée
- 2 cs de sucre
- 10 g de sel

Garniture :

- 150 g de dés de jambon
- 2 boules de mozzarella coupées en cubes
- 3 cs de sauce tomate
- 2 cs de crème fraîche

Glaçage :

- huile d'olive

Cassez l'œuf dans un verre mesureur, et complétez avec les liquides à quantités égales : eau + lait + œuf = 300 ml.
Placez tous les ingrédients dans la cuve dans l'ordre préconisé par le constructeur. Sélectionnez le programme. Une fois qu'il est terminé, farinez-vous les mains, sortez délicatement la pâte de la machine. Sur un plan de travail légèrement fariné, façonnez rapidement une boule et laissez reposer 30 minutes sous un linge humide. Abaissez alors la pâte en un rectangle de 1,5 à 2 cm d'épaisseur. À l'aide d'un emporte-pièce de 9 cm de diamètre ou à défaut d'un verre à whisky, découpez des ronds de pâte que vous déposerez délicatement sur la plaque de cuisson recouverte de papier sulfurisé. Déposez au milieu de chaque rond de pâte une bonne cuillère de garniture. Refermez chaque rond de pâte en donnant la forme de chaussons. Soudez bien les bords en appuyant fermement avec le bout des doigts. Laissez lever à nouveau environ 1 h selon la température ambiante. La pâte doit doubler de volume. Préchauffez le four à 210 °C. Une fois qu'il est chaud, badigeonnez à l'aide d'un pinceau les petits pains à l'huile d'olive.
Enfournez immédiatement et faites cuire entre 15 et 20 minutes. Les petits pains doivent être dorés. Servez chaud ou tiède avec une salade.

Petits pains aux olives

Programme : pâte
Cuisson : 40 minutes environ
Pour : 8 pains

Levain :

- 100 g de farine T 55
- 50 g de farine de seigle
- 150 ml d'eau
- 1 cc de levure déshydratée instantanée

Pâte :

- 360 g de farine T 55
- 100 g d'olives noires
- 150 ml d'eau
- 1 cc de levure déshydratée instantanée
- 10 g de sel

LEVAIN :
Dans un saladier, délayez énergiquement au fouet pendant environ 2 minutes les farines et la levure préalablement délayée dans l'eau. Le mélange obtenu ne doit pas présenter de grumeaux. Couvrez d'un film alimentaire et laissez fermenter 24 heures à température ambiante.

PÂTE :
Ajoutez les ingrédients dans la cuve dans l'ordre suivant : 150 ml d'eau, 10 g de sel, 160 g de farine T 55, 1 cc de levure, 200 g de farine T 55 restant.
En dernier ajoutez le levain.
Sélectionnez le programme.
En milieu de pétrissage ajoutez les olives coupées en morceaux.
Une fois le programme terminé, farinez-vous les mains, sortez délicatement la pâte de la machine. Sur un plan de travail légèrement fariné façonnez rapidement une boule. Couvrez-la d'un torchon humide et laissez reposer 30 minutes. Abaissez alors la pâte en rectangle d'environ 2 cm d'épaisseur que vous déposerez délicatement sur la plaque de cuisson bien farinée. Laissez lever à nouveau entre 1 h et 1 h 30 selon la température ambiante.
La pâte doit doubler de volume.
Préchauffez le four à 250 °C en plaçant un récipient rempli d'eau dans le fond. Une fois le four chaud, saupoudrez le pain de farine. À l'aide d'une roulette à pizza coupez la pâte en deux dans le sens de la longueur et coupez chaque partie en quatre.
Espacez chaque morceau délicatement avec des mains farinées, afin qu'ils ne se soudent pas entre eux durant la cuisson, et badigeonnez-les avec de l'huile d'olive. Enfournez immédiatement après la coupe.
Au bout de 15 minutes baissez la température du four à 210 °C et poursuivez la cuisson environ 25 minutes. Au terme de la cuisson, les petits pains doivent avoir une belle couleur dorée.
pour vérifier s'ils sont cuits, tapez sur le dessous cela doit sonner creux. Laissez refroidir au moins 1 h sur une grille.

VARIANTE : Vous pouvez remplacer les olives par des noix ou des morceaux de lard fumé préalablement revenus dans une poêle antiadhésive, ajoutés en milieu de pétrissage.

Petits pains aux herbes

Programme : pâte
Cuisson : 15 minutes
Pour : 12 pièces

Pâte :

- 500 g de farine T 55
- 1 cs de ciboulette fraîche ou surgelée
- 1 cs de persil frais ou surgelé
- 1 cs de thym
- 25 g de beurre
- 1 œuf
- 300 ml de lait environ
- 1,5 cc de levure déshydratée instantanée
- 1 cs de sucre
- 10 g de sel

Glaçage :

- un peu de lait

Cassez l'œuf dans un verre mesureur, et complétez avec du lait jusqu'à 300 ml.
Placez tous les ingrédients dans la cuve dans l'ordre préconisé par le constructeur.
Sélectionnez le programme.
Une fois qu'il est terminé, farinez-vous les mains, sortez délicatement la pâte de la machine. Sur un plan de travail légèrement fariné, divisez la pâte en douze portions de poids égal, et laissez lever 30 minutes sous un linge humide. Prenez chaque pâton et façonnez délicatement 12 petites boules ou pains longs.
Placez les petits pains façonnés sur une plaque de cuisson recouverte de papier sulfurisé en prenant soin de bien les espacer car ils vont gonfler. Laissez lever à nouveau entre 1 h et 1 h 30 selon la température ambiante. La pâte doit doubler de volume. Préchauffez le four à 220 °C. Une fois le four chaud, badigeonnez les petits pains de lait avec un pinceau. Enfournez immédiatement et faites cuire 15 minutes. Au terme de la cuisson les petits pains doivent être dorés. Pour vérifier s'ils sont cuits, tapez sur le dessous, cela doit sonner creux.
Laissez refroidir au moins 1 h sur une grille.

Pain à la raclette

Programme : pain normal ou français
Pour 1 pain de : 750 g environ

- 500 g de farine T 55
- 50 g de fromage à raclette
- 40 g de jambon cru
- 2,5 cc de lait en poudre
- 1,5 cs d'huile d'olive
- 285 ml d'eau
- 1,5 cc de levure déshydratée
- 2,5 cc de sucre
- 1,5 cc de sel

Placez les ingrédients dans la cuve dans l'ordre préconisé par le constructeur.
Sélectionnez le programme et choisissez la couleur de croûte désirée.
Au bip, ajoutez le fromage et le jambon.

Pain tartiflette

Programme : pain normal
Pour 1 pain de : 750 g environ

- 500 g de farine blanche
- 30 g de reblochon coupé en dés
- 30 g de lardons
- 1 oignon
- 1 cs de beurre
- 20 ml de crème fraîche
- 300 ml d'eau
- 2 cc de levure instantanée
- 1 cs de sucre
- 1,5 cc de sel

Placez les ingrédients dans la cuve dans l'ordre préconisé par le constructeur, à l'exception du reblochon, des lardons et oignon.
Sélectionnez le programme et choisissez la couleur de croûte désirée.
Épluchez l'oignon et faites-le rissoler avec les lardons dans une poêle antiadhésive.
Au bip ajoutez le reblochon et le mélange oignon/lardons.

Pain fromage de chèvre et paprika

Programme : pain normal
Pour 1 pain de : 650 g environ

- 400 g de farine spéciale pain
- 120 g de fromage de chèvre frais
- 1 gousse d'ail
- 1 cc de paprika
- 210 ml d'eau
- 20 ml de lait
- 1 cs d'huile d'olive
- 2 cc de levure boulangère spéciale pain
- 1 cs de sucre
- 1 cc de sel

Placez l'eau, le lait, l'huile, le sel et le sucre au fond de la cuve. Versez par-dessus la farine puis la levure boulangère, sans que celle-ci entre en contact avec le sel. Sélectionnez le programme et choisissez la couleur de croûte désirée. Au bip, ajoutez le paprika, l'ail écrasé et le fromage de chèvre en morceaux.

Pain au fromage de chèvre

Programme : pain normal ou français
Pour 1 pain de : 750 g environ

- 500 g de farine T 55
- 80 g de fromage de chèvre
- 20 g de beurre
- 2,5 cc de lait en poudre
- 300 ml d'eau
- 1,5 cc de levure déshydratée
- 2,5 cc de sucre
- 1,5 cc de sel

Placez les ingrédients dans la cuve dans l'ordre préconisé par le constructeur. Sélectionnez le programme et choisissez la couleur de croûte désirée. Au bip, ajoutez le fromage de chèvre coupé en petits morceaux. Servez ce pain très frais, avec des crudités.

Pour retrouver des morceaux de chèvre placez le fromage dans le congélateur au moins une heure avant de commencer votre pain et incorporez les morceaux dans la machine, encore congelés. Vous pouvez aussi remplacer une partie du liquide par du fromage de chèvre frais.

Pain aux olives

Programme : pain normal ou français
Pour 1 pain de : 750 g environ

- 500 g de farine T 55
- 30 g d'olives vertes
- 30 g d'olives noires
- 3 cs de parmesan
- 2,5 cc de lait en poudre
- 1,5 cs d'huile d'olive
- 285 ml d'eau
- 1,5 cc de levure déshydratée
- 2,5 cc de sucre
- 1,5 cc de sel

Placez les ingrédients dans la cuve dans l'ordre préconisé par le constructeur.
Sélectionnez le programme et choisissez la couleur de croûte désirée.
Au bip, ajoutez les olives et le parmesan.

Pain anchois, olives et thym

Programme : pain normal ou français
Pour 1 pain de : 750 g environ

- 500 g de farine spéciale pain
- 50 g d'olives noires
- 30 g d'anchois
- 1 cs de thym
- 20 g de beurre
- 300 ml de lait
- 2 cc de levure boulangère spéciale pain
- 2,5 cc de sucre
- 1,5 cc de sel

Placez le lait, le beurre fondu, le sel, le sucre et le thym au fond de la cuve. Versez par-dessus la farine puis la levure boulangère, sans que celle-ci entre en contact avec le sel.
Sélectionnez le programme et choisissez la couleur de croûte désirée. Au bip, ajoutez les anchois coupés en morceaux et les olives dénoyautées et coupées en deux, bien égouttées sur du papier absorbant.

Pain au romarin

Programme : pain normal ou français
Pour 1 pain de : 650 g environ

- 500 g de farine T 55
- 2 cs de romarin
- 1 œuf
- 100 ml de lait
- 200 ml d'eau
- 1,5 cc de levure déshydratée
- 2,5 cc de sucre
- 1,5 cc de sel

Battez l'œuf en omelette dans un verre mesureur et complétez avec le lait pour un tiers et l'eau pour deux tiers, jusqu'à 300 ml. Placez tous les ingrédients dans la cuve dans l'ordre préconisé par le constructeur. Sélectionnez le programme et choisissez la couleur de croûte désirée.

Pain romarin et noix

Programme : pain normal
Pour 1 pain de : 750 g environ

- 500 g de farine spéciale pain ou spéciale pain de campagne
- 50 g de cerneaux de noix
- 2 cs de romarin
- 300 ml d'eau
- 2,5 cs d'huile d'olive
- 2 cc de levure boulangère spéciale pain
- 2,5 cs de sucre
- 1,5 cc de sel

Placez l'eau, l'huile, le sel et le sucre au fond de la cuve. Versez par-dessus la farine puis la levure boulangère, sans que celle-ci entre en contact avec le sel.
Sélectionnez le programme et choisissez la couleur de croûte désirée.
Au bip, ajoutez le romarin et les noix hachées grossièrement.

Pain aux champignons et au jambon

Programme : pain normal ou français
Pour 1 pain de : 750 g environ

- 500 g de farine T 55
- 40 g de champignons
- 30 g de jambon en cubes
- 1,5 cs d'huile d'olive
- 285 ml d'eau
- 1,5 cc de levure déshydratée
- 2,5 cc de sucre
- 1,5 cc de sel

Placez les ingrédients dans la cuve dans l'ordre préconisé par le constructeur.
Sélectionnez le programme et choisissez la couleur de croûte désirée.
Au bip, ajoutez les champignons et le jambon coupés en cubes.

Pain pavot et bacon

Programme : pain normal
Pour 1 pain de : 800 g environ

- 500 g de farine spéciale pain
- 40 g de graines de pavot
- 70 g de bacon
- 20 g de beurre
- 300 ml d'eau
- 2 cc de levure boulangère spéciale pain
- 2 cc de sucre
- 1,5 cc de sel

Placez l'eau, le beurre fondu, le sel et le sucre au fond de la cuve. Versez par-dessus la farine puis la levure boulangère, sans que celle-ci entre en contact avec le sel.
Sélectionnez le programme et choisissez la couleur de croûte désirée.
Au bip, ajoutez le bacon coupé en lamelles et les graines de pavot.

Pain ail et menthe

Programme : pain normal
Pour 1 pain de : 700 g environ

- 500 g de farine spéciale pain
- 20 g de beurre
- 2 gousses d'ail
- 2,5 cs de menthe ciselée
- 300 ml d'eau
- 2 cc de levure boulangère spéciale pain
- 2,5 cs de sucre
- 1,5 cc de sel

Placez l'eau, le beurre fondu, le sel, le sucre et l'ail épluché et écrasé au fond de la cuve. Versez par-dessus la farine puis la levure boulangère, sans que celle-ci entre en contact avec le sel.
Sélectionnez le programme et choisissez la couleur de croûte désirée.
Au bip, ajoutez la menthe ciselée.

Pain ail et piment

Programme : pain normal ou français
Pour 1 pain de : 600 g environ

- 300 g de farine spéciale pain
- 100 g de farine spéciale pain multicéréales
- 4 gousses d'ail
- 1 piment
- 230 ml d'eau
- 1 cs d'huile d'olive
- 2 cc de levure boulangère spéciale pain
- 1 cs de sucre
- 1 cc de sel

Placez l'eau, l'huile, le sel et le sucre au fond de la cuve. Versez par-dessus les farines puis la levure boulangère, sans que celle-ci entre en contact avec le sel. Sélectionnez le programme et choisissez la couleur de croûte désirée. Au bip, ajoutez le piment coupé fin et l'ail épluché et écrasé.

Attention aux piments que vous utilisez. S'ils sont très forts, diminuez la quantité !

Pain breton

Programme : pain normal ou français
Pour 1 pain de : 550 g environ

- 300 g de farine spéciale pain
- 100 g de farine de sarrasin
- 15 g de beurre salé
- 240 ml d'eau
- 2 cc de levure boulangère spéciale pain
- 1 cs de sucre
- 1 cc de sel

Placez l'eau, le beurre fondu, le sel et le sucre au fond de la cuve. Versez par-dessus les farines puis la levure boulangère, sans que celle-ci entre en contact avec le sel. Sélectionnez le programme et choisissez la couleur de croûte désirée.

Pain irlandais

Programme : pain complet
Pour 1 pain de : 550 g environ

- 400 g de farine de seigle spéciale pain
- 240 ml de bas-beurre (lait ribot ou lait battu)
- 1,5 cs de levain fermentescible
- 1 cc de bicarbonate de soude
- 1 cc de sucre
- 1 cc de sel

Placez le bas-beurre, le sel et le sucre au fond de la cuve. Versez par-dessus la farine puis le levain et le bicarbonate de soude, sans que ceux-ci entrent en contact avec le sel. Sélectionnez le programme et choisissez la couleur de croûte désirée.

Pain aux câpres

Programme : pain complet ou français
Pour 1 pain de : 700 g environ

- 400 g de farine spéciale pain ou spéciale pain de campagne
- 100 g de farine complète
- 2,5 cs de câpres
- 320 ml d'eau
- 2 cs d'huile d'olive
- 2 cc de levure boulangère spéciale pain
- 2,5 cc de sucre
- 1,5 cc de sel

Placez l'eau, l'huile, le sel et le sucre au fond de la cuve. Versez par-dessus les farines puis la levure boulangère, sans que celle-ci entre en contact avec le sel. Sélectionnez le programme et choisissez la couleur de croûte désirée. Au bip, ajoutez les câpres rincées.

Pain à la tapenade

Programme : pain normal ou complet
Pour 1 pain de : 700 g environ

- 400 g de farine blanche
- 100 g de farine complète
- 60 g de tapenade noire ou verte
- 1 cs d'huile d'olive
- 300 ml d'eau
- 2 cc de levure déshydratée
- 1 cs de sucre
- 1 cc de sel

Placez les ingrédients dans la cuve dans l'ordre préconisé par le constructeur.
Sélectionnez le programme et choisissez la couleur de croûte désirée.

Pain curry et pignons

Programme : pain complet
Pour 1 pain de : 750 g environ

- 350 g de farine spéciale pain
- 150 g de farine complète
- 80 g de pignons
- 2 cc de curry
- 20 g de beurre
- 300 ml d'eau
- 2 cc de levure boulangère spéciale pain
- 1 cs de sucre
- 1,5 cc de sel

Placez l'eau, le beurre fondu, le sel, le sucre et le curry au fond de la cuve. Versez par-dessus les farines puis la levure boulangère, sans que celle-ci entre en contact avec le sel. Sélectionnez le programme et choisissez la couleur de croûte désirée.
Au bip, ajoutez les pignons.

Pain noix de muscade et vin blanc

Programme : pain normal
Pour 1 pain de : 550 g environ

- 400 g de farine spéciale pain
- 1 cc de noix de muscade râpée
- 120 ml de vin blanc
- 120 ml d'eau
- 1 cs d'huile
- 2 cc de levure boulangère spéciale pain
- 1 cs de sucre
- 1 cc de sel

Placez l'eau, le vin blanc, l'huile, le sel, le sucre et la noix de muscade au fond de la cuve. Versez par-dessus la farine puis la levure boulangère, sans que celle-ci entre en contact avec le sel. Sélectionnez le programme et choisissez la couleur de croûte désirée.

Pain paprika et poivrons

Programme : pain complet
Pour 1 pain de : 750 g environ

- 400 g de farine spéciale pain
- 100 g de farine complète
- 80 g de poivrons
- 1,5 cs de paprika en poudre
- 320 ml d'eau
- 2 cs d'huile d'olive
- 2 cc de levure boulangère spéciale pain
- 1 cs de sucre
- 1,5 cc de sel

Placez l'eau, l'huile, le sel, le sucre et le paprika au fond de la cuve. Versez par-dessus les farines puis la levure boulangère, sans que celle-ci entre en contact avec le sel. Sélectionnez le programme et choisissez la couleur de croûte désirée.
Au bip, ajoutez les poivrons coupés en petits dés.

Pain épices à couscous et sésame

Programme : pain complet ou français
Pour 1 pain de : 750 g environ

- 400 g de farine spéciale pain
- 50 g de farine de seigle spéciale pain
- 50 g de farine complète
- 50 g de graines de sésame
- 1/4 cc d'épices à couscous
- 300 ml d'eau
- 2,5 cs d'huile d'olive
- 2 cc de levure boulangère spéciale pain
- 2,5 cs de sucre
- 1,5 cc de sel

Placez l'eau, l'huile, le sel, le sucre et les épices au fond de la cuve. Versez par-dessus les farines puis la levure boulangère, sans que celle-ci entre en contact avec le sel. Sélectionnez le programme et choisissez la couleur de croûte désirée.
Au bip, ajoutez les graines de sésame.

Pain ciboulette et fromage blanc

Programme : pain complet ou français
Pour 1 pain de : 700 g environ

- 400 g de farine spéciale pain
- 100 g de farine complète
- 100 g de fromage blanc
- 2 cs de ciboulette ciselée
- 220 ml d'eau
- 2 cs d'huile d'olive
- 2 cc de levure boulangère spéciale pain
- 2,5 cc de sucre
- 1,5 cc de sel

Placez l'eau, l'huile, le sel, le sucre et le fromage blanc au fond de la cuve. Versez par-dessus les farines puis la levure boulangère, sans que celle-ci entre en contact avec le sel. Sélectionnez le programme et choisissez la couleur de croûte désirée.
Au bip, ajoutez la ciboulette ciselée.

Pain tomate et ciboulette

Programme : pain normal
Pour 1 pain de : 550 g environ

- 400 g de farine spéciale pain
- 30 g de tomates séchées
- 230 ml d'eau
- 1 cs d'huile d'olive
- 2 cs de ciboulette ciselée
- 2 cc de levure boulangère spéciale pain
- 1 cs de sucre
- 1 cc de sel

Placez l'eau, l'huile, le sel et le sucre au fond de la cuve. Versez par-dessus la farine puis la levure boulangère, sans que celle-ci entre en contact avec le sel.
Sélectionnez le programme et choisissez la couleur de croûte désirée.
Au bip, ajoutez les tomates séchées coupées en petits morceaux et la ciboulette ciselée.

Pain au cumin

Programme : pain normal ou français
Pour 1 pain de : 650 g environ

- 400 g de farine T 55
- 100 g de farine de seigle
- 1,5 cs de graines de cumin
- 20 g de beurre
- 300 ml d'eau
- 1,5 cc de levure déshydratée
- 2,5 cc de sucre
- 1,5 cc de sel

Placez les ingrédients dans la cuve dans l'ordre préconisé par le constructeur. Sélectionnez le programme et choisissez la couleur de croûte désirée.
Pour les graines de cumin, vous pouvez au choix les ajouter au bip ou les mettre dans la cuve dès le départ.

Ce pain fera merveille avec un tajine, mais aussi avec des fromages forts.

Pain cumin et lardons

Programme : pain normal ou français
Pour 1 pain de : 600 g environ

- 400 g de farine spéciale pain de campagne
- 60 g de lardons
- 20 g de beurre
- 2 cc de cumin en poudre
- 1 cs de graines de cumin
- 240 ml d'eau
- 2 cc de levure boulangère spéciale pain
- 2 cc de sucre
- 1 cc de sel

Placez l'eau, le beurre fondu, le sel et le sucre au fond de la cuve. Versez par-dessus la farine puis la levure boulangère, sans que celle-ci entre en contact avec le sel. Sélectionnez le programme et choisissez la couleur de croûte désirée. Faites revenir les lardons à la poêle.
Au bip, ajoutez les épices et les lardons grillés.

Pain échalote et graines de tournesol

Programme : pain normal
Pour 1 pain de : 600 g environ

- 400 g de farine spéciale pain
- 80 g d'échalotes
- 2 cs de graines de tournesol
- 220 ml d'eau
- 1 cs d'huile d'olive
- 2 cc de levure boulangère spéciale pain
- 1 cs de sucre
- 1 cc de sel

Placez l'eau, l'huile, le sel et le sucre au fond de la cuve. Versez par-dessus la farine puis la levure boulangère, sans que celle-ci entre en contact avec le sel.
Sélectionnez le programme et choisissez la couleur de croûte désirée.
Au bip, ajoutez les échalotes épluchées et coupées en rondelles ainsi que les graines de tournesol.

Pain aux herbes de Provence

Programme : pain normal
Pour 1 pain de : 550 g environ

- 300 g de farine spéciale pain multicéréales
- 100 g de farine spéciale pain
- 2 cs d'herbes de Provence
- 230 ml d'eau
- 1 cs d'huile d'olive
- 2 cc de levure boulangère spéciale pain
- 1 cs de sucre
- 1 cc de sel

Placez l'eau, l'huile, le sel et le sucre au fond de la cuve. Versez par-dessus les farines puis la levure boulangère, sans que celle-ci entre en contact avec le sel. Sélectionnez le programme et choisissez la couleur de croûte désirée.
Au bip, ajoutez les herbes de Provence.

Pain aux légumes

Programme : pain normal
Pour 1 pain de : 750 g environ

- 500 g de farine blanche
- 1 grosse carotte
- 1 courgette moyenne
- 1 gousse d'ail écrasée
- 1 cs d'huile d'olive
- 280 ml d'eau
- 2 cc de levure déshydratée
- 1 cs de sucre
- 1,5 cc de sel

Lavez, épluchez et râpez la carotte et la courgette et placez-les entre des feuilles de papier absorbant pour ôter le maximum d'humidité.
Placez les ingrédients dans la cuve dans l'ordre préconisé par le constructeur.
Sélectionnez le programme et choisissez la couleur de croûte désirée.

Pain au jus de légume

Programme : pain normal ou français
Pour 1 pain de : 650 g environ

- 500 g de farine T 55
- 5 gouttes de Tabasco
- 1 cc d'ail en poudre
- 1 cc de sel de céleri
- 1,5 cs de lait en poudre
- 150 ml de jus de légume
- 150 ml d'eau
- 1,5 cc de levure déshydratée
- 2,5 cc de sucre
- 1,5 cc de sel

Placez les ingrédients dans la cuve dans l'ordre préconisé par le constructeur. Sélectionnez le programme et choisissez la couleur de croûte désirée.

Ce pain délicieusement parfumé est très agréable avec une soupe ou une poêlée de légumes. Vous pouvez utiliser toutes sortes de jus de légume.

Pain aux épices indiennes

Programme : pain normal
Pour 1 pain de : 550 g environ

- 400 g de farine spéciale pain de campagne
- 1,5 cc d'épices indiennes (curcuma, coriandre, cumin, piment, poivre, gingembre, fenugrec, muscade)
- 240 ml d'eau
- 1 cs d'huile d'olive
- 2 cc de levure boulangère spéciale pain
- 1 cs de sucre
- 1 cc de sel

Placez l'eau, l'huile, le sel, le sucre et les épices au fond de la cuve. Versez par-dessus la farine puis la levure boulangère, sans que celle-ci entre en contact avec le sel.
Sélectionnez le programme et choisissez la couleur de croûte désirée.

Pain huile d'argan et épices marocaines

Programme : pain normal
Pour 1 pain de : 550 g environ

- 400 g de farine spéciale pain
- 1 cs d'épices à tagine (muscade, cannelle, clou de girofle)
- 120 ml d'eau
- 120 ml de lait
- 2 cs d'huile d'argan
- 2 cc de levure boulangère spéciale pain
- 1 cs de sucre
- 1 cc de sel

Placez l'eau, le lait, l'huile, le sel, le sucre et les épices au fond de la cuve. Versez par-dessus la farine puis la levure boulangère, sans que celle-ci entre en contact avec le sel.
Sélectionnez le programme et choisissez la couleur de croûte désirée.

Pain aux pommes de terre et à l'ail

Programme : pain normal ou français
Pour 1 pain de : 700 g environ

- 500 g de farine T 55
- 4 cs de flocons de pomme de terre
- 30 g d'emmenthal râpé
- 2,5 cc d'ail en poudre
- 1,5 cs d'huile d'olive
- 300 ml d'eau
- 1,5 cc de levure déshydratée
- 2,5 cc de sucre
- 1,5 cc de sel

Placez les ingrédients dans la cuve dans l'ordre préconisé par le constructeur. Sélectionnez le programme et choisissez la couleur de croûte désirée.
Au bip, ajoutez le fromage.

Ce pain est excellent avec une salade ou à l'apéritif.

Pain à l'aubergine

Programme : pain normal ou français
Pour 1 pain de : 600 g environ

- 200 g de farine de kamut
- 200 g de farine spéciale pain
- 100 g d'aubergine
- 210 ml d'eau
- 1 cs d'huile d'olive
- 2 cc de levure boulangère spéciale pain
- 2 cc de sucre
- 1 cc de sel

Placez l'eau, l'huile, le sel et le sucre au fond de la cuve. Versez par-dessus les farines puis la levure boulangère, sans que celle-ci entre en contact avec le sel.
Sélectionnez le programme et choisissez la couleur de croûte désirée. Faites revenir quelques instants à la poêle l'aubergine coupée en dés.
Au bip, ajoutez les dés d'aubergine.

Pain à la betterave

Programme : pain normal
Pour 1 pain de : 700 g environ

- 500 g de farine blanche
- 60 g de betterave râpée
- 1 cc de romarin
- 20 ml de jus de betterave
- 1 cs d'huile d'olive
- 280 ml d'eau
- 2 cc de levure instantanée
- 1 cs de sucre
- 1,5 cc de sel

Placez les ingrédients dans la cuve dans l'ordre préconisé par le constructeur, à l'exception de la betterave.
Sélectionnez le programme et choisissez la couleur de croûte désirée.
Au bip ajoutez le jus de betterave.

Pain jus de betterave et céréales

Programme : pain normal
Pour 1 pain de : 550 g environ

- 400 g de farine spéciale pain
- 240 ml de jus de betterave rouge
- 1 cs d'huile
- 2 cc de levure boulangère spéciale pain
- 1 cs de sucre
- 1 cc de sel

Épluchez 450 g de betteraves crues et passez-les à la centrifugeuse, conservez la pulpe pour réaliser la mousse. Placez le jus de betterave, l'huile, le sel et le sucre au fond de la cuve. Versez par-dessus la farine puis la levure boulangère, sans que celle-ci entre en contact avec le sel. Sélectionnez le programme et choisissez la couleur de croûte désirée.

Pain aux grains de maïs

Programme : pain normal ou français
Pour 1 pain de : 650 g environ

- 200 g de farine spéciale pain de campagne
- 200 g de farine de maïs
- 125 g de maïs en boîte
- 220 ml de lait
- 1 cs d'huile d'olive
- 2 cc de levure boulangère spéciale pain
- 1 cs de sucre
- 1 cc de sel

Placez le lait, l'huile, le sel et le sucre au fond de la cuve. Versez par-dessus les farines puis la levure boulangère, sans que celle-ci entre en contact avec le sel. Sélectionnez le programme et choisissez la couleur de croûte désirée. Au bip, ajoutez le maïs.

Pain maïs et épices

Programme : pain normal ou français
Pour 1 pain de : 550 g environ

- 300 g de farine spéciale pain
- 100 g de farine de maïs
- 1 cc d'épices mexicaines (paprika, piment, curcuma, clou de girofle…)
- 240 ml d'eau
- 1 cs d'huile d'olive
- 2 cc de levure boulangère spéciale pain
- 1 cs de sucre
- 1 cc de sel

Placez l'eau, l'huile, le sel, le sucre et les épices au fond de la cuve. Versez par-dessus les farines puis la levure boulangère, sans que celle-ci entre en contact avec le sel. Sélectionnez le programme et choisissez la couleur de croûte désirée.

Pain au fromage et aux noix

Programme : pain normal ou complet
Pour 1 pain de : 750 g environ

- 350 g de farine blanche
- 150 g de farine semi-complète
- 50 g de noix grossièrement hachées
- 50 g de comté coupé en petits cubes
- 1,5 cc de noix de muscade
- 1 œuf
- 300 ml d'eau environ
- 1 cs d'huile de noix
- 2 cc de levure déshydratée
- 1 cs de sucre
- 1,5 cc de sel

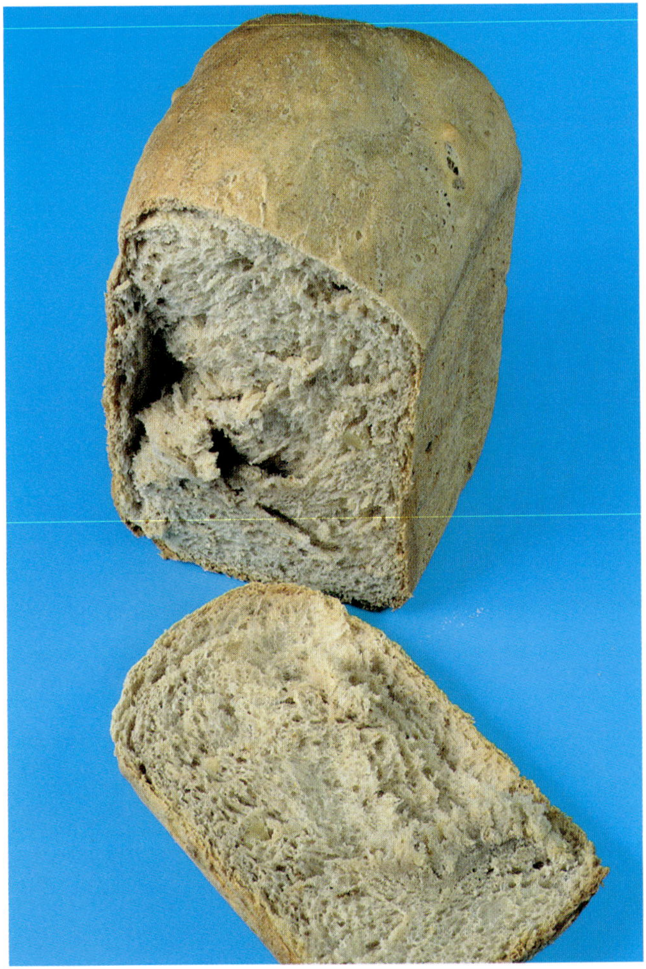

Battez l'œuf dans un verre mesureur et ajoutez de l'eau jusqu'à obtenir 300 ml.
Placez les ingrédients dans la cuve dans l'ordre préconisé par le constructeur, à l'exception du comté et des noix.
Sélectionnez le programme et choisissez la couleur de croûte désirée.
Au bip ajoutez le comté et les noix.

Pain parmesan et pignons

Programme : pain normal
Pour 1 pain de : 600 g environ

- 400 g de farine spéciale pain
- 30 g de copeaux de parmesan
- 20 g de pignons
- 230 ml d'eau
- 1,5 cs d'huile d'olive
- 2 cc de levure boulangère spéciale pain
- 1 cc de sel

Placez l'eau, l'huile et le sel au fond de la cuve. Versez par-dessus la farine puis la levure boulangère, sans que celle-ci entre en contact avec le sel. Sélectionnez le programme et choisissez la couleur de croûte désirée.
Au bip, ajoutez les copeaux de parmesan et les pignons.

Pain aux fromages

Programme : pâte
Cuisson : 40 minutes environ
Pour 1 pain de : 700 g environ

Levain :

- 100 g de farine T 55
- 50 g de farine de seigle
- 150 ml d'eau
- 1 cc de levure déshydratée instantanée

Pâte :

- 360 g de farine T 55
- 20 g d'emmenthal râpé
- 20 g de comté râpé
- 20 g de parmesan râpé
- 150 ml d'eau
- 1 cc de levure déshydratée instantanée
- 10 g de sel

LEVAIN :
Dans un saladier, délayez énergiquement au fouet pendant environ 2 minutes les farines et la levure préalablement délayée dans l'eau. Le mélange obtenu ne doit pas présenter de grumeaux. Couvrez d'un film alimentaire et laissez fermenter 24 heures à température ambiante.

PÂTE :
Ajoutez les ingrédients dans la cuve de votre machine à pain dans l'ordre suivant :
150 ml d'eau, 10 g de sel, 180 g de farine, 1 cc de levure, 180 g de farine restant. En dernier ajoutez le levain. Sélectionnez le programme. Ajoutez les fromages au bip ou en milieu de pétrissage. Une fois le programme terminé, farinez-vous les mains, sortez délicatement la pâte de la machine. Sur un plan de travail légèrement fariné façonnez rapidement une boule. Couvrez-la d'un torchon humide et laissez reposer 30 minutes.

Au bout de ces 30 minutes aplatissez délicatement le pâton, et façonnez une boule assez serrée ou un pain long que vous poserez délicatement sur la plaque de cuisson farinée. Laissez lever à nouveau entre 1 h et 1 h 30 selon la température ambiante. La pâte doit doubler de volume.
Préchauffez le four à 250 °C en plaçant un récipient rempli d'eau dans le fond. Une fois le four chaud, saupoudrez le pain de farine, entaillez le dessus sur 1 cm de profondeur environ en formant un quadrillage et vaporisez celui-ci d'eau légèrement salée.
Enfournez immédiatement après la coupe. Au bout de 15 minutes baissez la température du four à 210 °C et poursuivez la cuisson environ 25 minutes. Au terme de la cuisson, le pain doit avoir une belle couleur dorée. Pour vérifier s'il est cuit, tapez sur le dessous cela doit sonner creux. Laissez refroidir au moins 1 h sur une grille.

Pain aux trois fromages

Programme : pain normal ou français
Pour 1 pain de : 700 g environ

- 500 g de farine T 55
- 30 g d'emmenthal râpé
- 30 g de mozzarella en petits dés
- 3 cs de parmesan
- 2,5 cc de lait en poudre
- 1,5 cs d'huile d'olive
- 285 ml d'eau
- 1,5 cc de levure déshydratée
- 2,5 cc de sucre
- 1,5 cc de sel

Placez les ingrédients dans la cuve dans l'ordre préconisé par le constructeur. Sélectionnez le programme et choisissez la couleur de croûte désirée.
Au bip, ajoutez les fromages.

Ce pain est excellent avec une salade ou à l'apéritif.

Pain aux épinards et au fromage

Programme : pain normal
Pour 1 pain de : 750 g environ

- 500 g de farine blanche
- 50 g d'épinards frais
- 70 g d'emmenthal râpé
- 20 ml de crème fraîche
- 280 ml d'eau
- 2 cc de levure déshydratée
- 1 cs de sucre
- 2 cc de sel

Rincez et ciselez les épinards. Placez les ingrédients dans la cuve dans l'ordre préconisé par le constructeur. Sélectionnez le programme et choisissez la couleur de croûte désirée.

Pain au roquefort et aux noix

Programme : pain normal ou français
Pour 1 pain de : 750 g environ

- 500 g de farine T 55
- 80 g de roquefort
- 50 g de noix
- 2,5 cc de lait en poudre
- 1,5 cs d'huile d'olive
- 290 ml d'eau
- 1,5 cc de levure déshydratée
- 2,5 cc de sucre
- 1,5 cc de sel

Placez les ingrédients dans la cuve dans l'ordre préconisé par le constructeur. Sélectionnez le programme et choisissez la couleur de croûte désirée.
Au bip, ajoutez le roquefort coupé en petits morceaux et les noix hachées grossièrement.

Ce pain, généreux en goût, peut être servi tiède à l'apéritif.

Pain au boursin

Programme : pain normal ou français
Pour 1 pain de : 650 g environ

- 500 g de farine T 55
- 125 g de boursin
- 175 ml d'eau
- 1,5 cc de levure déshydratée
- 2,5 cc de sucre
- 1,5 cc de sel

Placez les ingrédients dans la cuve dans l'ordre préconisé par le constructeur. Sélectionnez le programme et choisissez la couleur de croûte désirée.

Ce pain est excellent avec une salade ou à l'apéritif.

Pain à la ricotta et à l'origan

Programme : pain normal
Pour 1 pain de : 750 g environ

- 500 g de farine blanche
- 200 g de ricotta égouttée
- 1,5 cc d'origan
- 1 gousse d'ail écrasée
- 1 cs d'huile d'olive
- 100 ml de lait
- 2 cc de levure instantanée
- 1 cs de sucre
- 1,5 cc de sel

Placez les ingrédients dans la cuve dans l'ordre préconisé par le constructeur.
Sélectionnez le programme et choisissez la couleur de croûte désirée.

Pain fromage de chèvre et basilic

Programme : pain complet ou français
Pour 1 pain de : 750 g environ

- 400 g de farine spéciale pain ou spéciale pain de campagne
- 100 g de farine complète
- 70 g de fromage de chèvre frais
- 2,5 cs de basilic ciselé
- 300 ml d'eau
- 1,5 cs d'huile d'olive
- 2 cc de levure boulangère spéciale pain
- 1 cs de sucre
- 1,5 cc de sel

Placez l'eau, l'huile, le sel, le sucre et le fromage au fond de la cuve. Versez par-dessus les farines puis la levure boulangère, sans que celle-ci entre en contact avec le sel. Sélectionnez le programme et choisissez la couleur de croûte désirée. Au bip, ajoutez le basilic ciselé.

Pain pizza

Programme : pain normal ou français
Pour 1 pain de : 700 g environ

- 500 g de farine T 55
- 30 g d'olives noires
- 30 g de mozzarella râpée
- 2 anchois
- 1,5 cc d'origan
- 1,5 cs d'huile d'olive
- 145 ml de jus de tomate
- 140 ml d'eau
- 1,5 cc de levure déshydratée
- 2,5 cc de sucre
- 1 cc de sel

Placez les ingrédients dans la cuve dans l'ordre préconisé par le constructeur. Sélectionnez le programme et choisissez la couleur de croûte désirée.
Au bip, ajoutez les olives, le fromage et les anchois.

Ce pain est excellent avec une salade ou à l'apéritif.

Pain olives et sauge

Programme : pain normal ou français
Pour 1 pain de : 600 g environ

- 400 g de farine spéciale pain
- 40 g d'olives vertes dénoyautées
- 40 g d'olives noires dénoyautées
- 1 cs de sauge
- 210 ml d'eau
- 20 ml de lait
- 1 cs d'huile d'olive
- 2 cc de levure boulangère spéciale pain
- 1 cs de sucre
- 1 cc de sel

Placez l'eau, le lait, l'huile, le sel et le sucre au fond de la cuve. Versez par-dessus la farine puis la levure boulangère, sans que celle-ci entre en contact avec le sel.
Sélectionnez le programme et choisissez la couleur de croûte désirée.
Au bip, ajoutez les olives vertes et noires ainsi que la sauge ciselée.

Pain estragon et cerfeuil

Programme : pain normal
Pour 1 pain de : 700 g environ

- 500 g de farine spéciale pain
- 15 g d'estragon
- 15 g de cerfeuil
- 300 ml d'eau
- 2 cc de levure boulangère spéciale pain
- 1,5 cc de sel

Placez l'eau et le sel au fond de la cuve. Versez par-dessus la farine puis la levure boulangère, sans que celle-ci entre en contact avec le sel.
Sélectionnez le programme et choisissez la couleur de croûte désirée.
Au bip, ajoutez les herbes ciselées.

Pain au poivre 5 baies

Programme : pain normal
Pour 1 pain de : 550 g environ

- 400 g de farine spéciale pain multicéréales
- 240 ml d'eau
- 1 cs d'huile
- 2 cc de levure boulangère spéciale pain
- 1 cc de poivre 5 baies mouliné
- 1 cc de gros sel

Placez l'eau, l'huile, le sel et le poivre au fond de la cuve. Versez par-dessus la farine puis la levure boulangère, sans que celle-ci entre en contact avec le sel.
Sélectionnez le programme et choisissez la couleur de croûte désirée.

Pain à l'anis vert

Programme : pain normal
Pour 1 pain de : 550 g environ

- 400 g de farine spéciale pain
- 1,5 cc de graines d'anis vert
- 240 ml d'eau
- 1 cs d'huile
- 2 cc de levure boulangère spéciale pain
- 1 cs de sucre
- 1 cc de sel

Placez l'eau, l'huile, le sel et le sucre au fond de la cuve. Versez par-dessus la farine puis la levure boulangère, sans que celle-ci entre en contact avec le sel.
Sélectionnez le programme et choisissez la couleur de croûte désirée.
Au bip, ajoutez les graines d'anis vert.

Pain au gingembre frais

Programme : pain normal
Pour 1 pain de : 700 g environ

- 500 g de farine spéciale pain
- 30 g de gingembre frais
- 20 g de beurre
- 300 ml d'eau
- le jus d'1/2 citron
- 2 cc de levure boulangère spéciale pain
- 2,5 cc de sucre
- 1,5 cc de sel

Placez l'eau, le beurre fondu, le sel, le sucre et le jus de citron au fond de la cuve. Versez par-dessus la farine puis la levure boulangère, sans que celle-ci entre en contact avec le sel. Sélectionnez le programme et choisissez la couleur de croûte désirée.
Au bip, ajoutez le gingembre épluché et émincé.

Pain citronné

Programme : pain normal
Pour 1 pain de : 650 g environ

- 500 g de farine spéciale pain
- 20 g de beurre
- 300 ml d'eau
- le jus d'1/2 citron
- 2 cc de levure boulangère spéciale pain
- 3 cc de sucre
- 1,5 cc de sel

Placez l'eau, le beurre fondu, le sel, le sucre et le jus de citron au fond de la cuve. Versez par-dessus la farine puis la levure boulangère, sans que celle-ci entre en contact avec le sel. Sélectionnez le programme et choisissez la couleur de croûte désirée.

Pain au citron

Programme : pain normal ou français
Pour 1 pain de : 600 g environ

- 400 g de farine T 55
- 1,5 cs de zestes de citron
- 1,5 cs de lait en poudre
- 20 g de beurre
- le jus d'1 citron 1/2
- 300 ml d'eau
- 1,5 cc de levure déshydratée
- 3 cc de sucre
- 1,5 cc de sel

Versez le jus de citron dans un verre mesureur et ajoutez de l'eau jusqu'à 300 ml.
Placez les ingrédients dans la cuve dans l'ordre préconisé par le constructeur. Sélectionnez le programme et choisissez la couleur de croûte désirée.

C'est un pain aux saveurs délicates qui se marie remarquablement avec fruits de mer ou poissons.

Pain à la moutarde à l'ancienne

Programme : pain normal ou français
Pour 1 pain de : 650 g environ

- 500 g de farine T 55
- 1,5 cc d'estragon déshydraté
- 3 cs de moutarde à l'ancienne
- 300 ml d'eau
- 1,5 cc de levure déshydratée
- 2,5 cc de sucre
- 1,5 cc de sel

Placez les ingrédients dans la cuve dans l'ordre préconisé par le constructeur. Sélectionnez le programme et choisissez la couleur de croûte désirée.

Pain à la chicorée

Programme : pain normal ou français
Pour 1 pain de : 550 g environ

- 400 g de farine spéciale pain
- 240 ml d'eau
- 2 cc de chicorée liquide
- 1 cs d'huile
- 2 cc de levure boulangère spéciale pain
- 1 cs de sucre
- 1 cc de sel

Placez l'eau, la chicorée, l'huile, le sel et le sucre au fond de la cuve. Versez par-dessus la farine puis la levure boulangère, sans que celle-ci entre en contact avec le sel. Sélectionnez le programme et choisissez la couleur de croûte désirée.

Pain à l'oignon

Programme : pâte
Cuisson : 40 minutes environ
Pour 1 pain de : 750 g environ

Levain :

- 100 g de farine T 55
- 50 g de farine de seigle
- 150 ml d'eau
- 1 cc de levure déshydratée instantanée

Pâte :

- 360 g de farine T 55
- 2 gros oignons
- 150 ml d'eau
- 1 cc de levure déshydratée instantanée
- 10 g de sel

LEVAIN :
Dans un saladier, délayez énergiquement au fouet pendant environ 2 minutes les farines et la levure préalablement délayée dans l'eau. Le mélange obtenu ne doit pas présenter de grumeaux. Couvrez d'un film alimentaire et laissez fermenter 24 heures à température ambiante.

PÂTE :
Ajoutez les ingrédients dans la cuve de votre machine à pain dans l'ordre suivant : 150 ml d'eau, 10 g de sel, 180 g de farine, 1 cc de levure, 180 g de farine restant. En dernier ajoutez le levain. Émincez les oignons et faites-les revenir dans une poêle avec de l'huile d'olive, jusqu'à ce qu'ils aient une belle couleur dorée. Laissez-les refroidir sur du papier absorbant pour enlever l'excès de gras. Sélectionnez le programme. En milieu de pétrissage ajoutez les oignons. Une fois le programme terminé, farinez-vous les mains, sortez délicatement la pâte de la machine. Sur un plan de travail légèrement fariné façonnez rapidement une boule. Couvrez-la d'un torchon humide et laissez reposer 30 minutes. Aplatissez alors délicatement le pâton, et façonnez une boule assez serrée que vous poserez délicatement sur la plaque de cuisson farinée. Laissez lever à nouveau entre 1 h et 1 h 30 selon la température ambiante. La pâte doit doubler de volume. Préchauffez le four à 250 °C en plaçant un récipient rempli d'eau dans le fond. Une fois le four chaud, saupoudrez le pain de farine, entaillez le dessus sur 1 cm de profondeur environ en formant un quadrillage et vaporisez celui-ci d'eau légèrement salée. Enfournez immédiatement après la coupe. Au bout de 15 minutes baissez la température du four à 210 °C et poursuivez la cuisson environ 25 minutes. Au terme de la cuisson, le pain doit avoir une belle couleur dorée. Pour vérifier s'il est cuit, tapez sur le dessous cela doit sonner creux. Laissez refroidir au moins 1 h sur une grille.

Pain au beurre

Programme : pain normal
Pour 1 pain de : 700 g environ

- 500 g de farine blanche
- 80 g de beurre
- 300 ml d'eau
- 2 cc de levure déshydratée
- 1 cs de sucre
- 1,5 cc de sel

Placez les ingrédients dans la cuve dans l'ordre préconisé par le constructeur.
Sélectionnez le programme et choisissez la couleur de croûte désirée.

Pain au curry

Programme : pain normal
Pour 1 pain de : 700 g environ

- 500 g de farine blanche
- 50 graines de tournesol
- 1 cc de curry
- 20 g de beurre
- 300 ml d'eau
- 2 cc de levure déshydratée
- 1 cs de sucre
- 1,5 cc de sel

Placez les ingrédients dans la cuve dans l'ordre préconisé par le constructeur, à l'exception des graines de tournesol.
Sélectionnez le programme et choisissez la couleur de croûte désirée.
Au bip ajoutez les graines de tournesol.

Pain au yaourt

Programme : pain normal
Pour 1 pain de : 700 g environ

- 500 g de farine blanche
- 1 yaourt nature
- 15 g de beurre
- 300 ml d'eau environ
- 2 cc de levure déshydratée
- 1 cs de sucre
- 2 cc de sel

Mettez le yaourt dans un verre mesureur et ajoutez progressivement de l'eau, tout en mélangeant, jusqu'à obtenir 300 ml.
Placez les ingrédients dans la cuve dans l'ordre préconisé par le constructeur.
Sélectionnez le programme et choisissez la couleur de croûte désirée.

Pain au fromage blanc

Programme : pain normal ou français
Pour 1 pain de : 650 g environ

- 500 g de farine T 55
- 130 g de fromage blanc
- 20 g de beurre
- 170 ml d'eau
- 1,5 cc de levure déshydratée
- 2,5 cc de sucre
- 1,5 cc de sel

Sortez le fromage blanc du réfrigérateur. Vous devez l'utiliser à température ambiante.
Placez les ingrédients dans la cuve dans l'ordre préconisé par le constructeur. Sélectionnez le programme et choisissez la couleur de croûte désirée.

Inspiré du pain suédois, c'est un pain étonnamment moelleux.

Pain au muesli

Programme : pain normal ou complet
Pour 1 pain de : 750 g environ

- 400 g de farine blanche
- 100 g de farine complète
- 80 g de muesli
- 15 g de beurre
- 330 ml d'eau
- 2 cc de levure déshydratée
- 1 cs de sucre
- 1,5 cc de sel

Placez les ingrédients dans la cuve dans l'ordre préconisé par le constructeur.
Sélectionnez le programme pain normal ou complet et choisissez la couleur de croûte désirée.

Pain pumpernickel

Programme : pain complet
Pour 1 pain de : 650 g environ

- 300 g de farine blanche
- 100 g de farine de seigle
- 100 g de farine complète
- 15 g de beurre
- 2 cs de mélasse
- 1 cc de café soluble
- 320 ml d'eau
- 2 cc de levure déshydratée
- 1,5 cc de sel

Placez les ingrédients dans la cuve dans l'ordre préconisé par le constructeur. Sélectionnez le programme et choisissez la couleur de croûte désirée.

Pain au saucisson et au vin rouge

Programme : pain normal
Pour 1 pain de : 750 g environ

- 500 g de farine blanche
- 100 g de saucisson coupé en petits cubes
- 1 cs d'huile
- 150 ml de vin rouge
- 150 ml d'eau
- 2 cc de levure instantanée
- 30 g de sucre
- 1,5 cc de sel

Placez les ingrédients dans la cuve dans l'ordre préconisé par le constructeur, à l'exception du saucisson.
Sélectionnez le programme et choisissez la couleur de croûte désirée.
Au bip ajoutez le saucisson.

Pain aux brocolis et au jambon

Programme : pain normal ou français
Pour 1 pain de : 750 g environ

- 500 g de farine T 55
- 60 g de brocolis
- 40 g de jambon
- 1,5 cs de crème fraîche
- 285 ml d'eau
- 1,5 cc de levure déshydratée
- 2,5 cc de sucre
- 1,5 cc de sel

Placez les ingrédients dans la cuve dans l'ordre préconisé par le constructeur. Si vous le désirez, vous pouvez ajouter du poivre à votre convenance.
Sélectionnez le programme et choisissez la couleur de croûte désirée.
Faites cuire les brocolis à la vapeur (ils doivent être encore fermes). Au bip, ajoutez-les avec le jambon.

Pain à la bière

Programme : pain normal ou français
Pour 1 pain de : 700 g environ

- 350 g de farine T 55
- 150 g de farine complète
- 2,5 cc de miel
- 1,5 cs d'huile d'olive
- 285 ml de bière
- 1,5 cc de levure déshydratée
- 1,5 cc de sel

Ouvrez la bière pour qu'elle soit à température ambiante et pour lui faire perdre son gaz.
Placez les ingrédients dans la cuve dans l'ordre préconisé par le constructeur. Sélectionnez le programme et choisissez la couleur de croûte désirée.

La bière apporte au pain une amertume, atténuée par la douceur du miel

Pain au comté et à la bière

Programme : pain normal ou français
Pour 1 pain de : 700 g environ

- 500 g de farine T 55
- 70 g de comté râpé
- 2,5 cc de lait en poudre
- 300 ml de bière
- 1,5 cc de levure déshydratée
- 2,5 cc de sucre
- 1,5 cc de sel

Placez les ingrédients dans la cuve dans l'ordre préconisé par le constructeur. Sélectionnez le programme et choisissez la couleur de croûte désirée.
Au bip, ajoutez le fromage.

Ce pain est excellent avec une salade ou à l'apéritif.

Pain à la bière brune

Programme : pain normal ou français
Pour 1 pain de : 550 g environ

- 400 g de farine spéciale pain de campagne
- 30 g de beurre
- 240 ml de bière brune
- 2 cc de levure boulangère spéciale pain ou 1,5 cs de levain fermentescible
- 1 cs de sucre
- 1 cc de sel

Placez la bière, le beurre fondu, le sel et le sucre au fond de la cuve. Versez par-dessus la farine puis la levure boulangère, sans que celle-ci entre en contact avec le sel.
Sélectionnez le programme et choisissez la couleur de croûte désirée.

Pain à la bière et au bacon

Programme : pain normal
Pour 1 pain de : 700 g environ

- 500 g de farine blanche
- 60 g de lamelles de bacon
- 1 cs d'huile d'olive
- 300 ml de bière éventée
- 2 cc de levure déshydratée
- 1 cs de sucre
- 1 cc de sel

Placez les ingrédients dans la cuve dans l'ordre préconisé par le constructeur, à l'exception du bacon.
Sélectionnez le programme et choisissez la couleur de croûte désirée.
Faites revenir le bacon dans une poêle antiadhésive et laissez refroidir sur du papier absorbant.
Au bip ajoutez le bacon.

Pain à la bière et aux cacahouètes

Programme : pain complet
Pour 1 pain de : 700 g environ

- 300 g de farine blanche
- 200 g de farine complète
- 60 g de cacahouètes grossièrement hachées
- 1 cs d'huile d'olive
- 310 ml de bière éventée
- 2 cc de levure déshydratée
- 1 cs de sucre
- 1 cc de sel

Placez les ingrédients dans la cuve dans l'ordre préconisé par le constructeur, à l'exception des cacahuètes.
Sélectionnez le programme et choisissez la couleur de croûte désirée.
Au bip ajoutez les cacahuètes.

Pain à la bière et à la moutarde

Programme : pain normal
Pour 1 pain de : 650 g environ

- 500 g de farine blanche
- 4 cs de moutarde à l'ancienne
- 1 gousse d'ail écrasée
- 300 ml de bière éventée
- 1 cs d'huile d'olive
- 2 cc de levure instantanée
- 1 cs de sucre
- 1,5 cc de sel

Placez les ingrédients dans la cuve dans l'ordre préconisé par le constructeur.
Sélectionnez le programme et choisissez la couleur de croûte désirée.

Pain créole

Programme : pain normal
Pour 1 pain de : 700 g environ

- 500 g de farine blanche
- 1 tomate
- 1/2 oignon
- 1/2 cc de piment doux
- 1 cc de curry
- 1 cs d'huile d'olive
- 290 ml d'eau
- 2 cc de levure déshydratée
- 1 cs de sucre
- 1,5 cc de sel

Placez les ingrédients dans la cuve dans l'ordre préconisé par le constructeur, à l'exception des oignon et tomate.
Sélectionnez le programme et choisissez la couleur de croûte désirée.
Lavez la tomate, coupez-la en cubes et ne gardez que la pulpe.
Épluchez l'oignon et émincez-le.
Dans une poêle antiadhésive faites rissoler l'oignon et la tomate.
Au bip ajoutez le mélange oignon/tomate.

Pain mexicain

Programme : pain normal
Pour 1 pain de : 750 g environ

- 500 g de farine blanche
- 40 g de haricots rouges cuits
- 40 g de maïs
- 1 oignon
- 1 gousse d'ail écrasée
- 1 cc d'épices à tacos ou chili
- 1 cs d'huile d'olive
- 300 ml d'eau
- 2 cc de levure instantanée
- 1 cs de sucre
- 1,5 cc de sel

Placez les ingrédients dans la cuve dans l'ordre préconisé par le constructeur, à l'exception du maïs et des haricots rouges. Sélectionnez le programme et choisissez la couleur de croûte désirée.
Épluchez l'oignon et faites-le rissoler dans une poêle antiadhésive.
Au bip ajoutez l'oignon, le maïs et les haricots rouges.

Pain gallois

Programme : pain normal ou français
Pour 1 pain de : 550 g environ

- 400 g de farine spéciale pain
- 240 ml d'eau
- 1 cs d'huile d'olive
- 2 cs de sauce Worcestershire
- 2 cc de levure boulangère spéciale pain
- 1 cs de sucre
- 1 cc de sel

Placez l'eau, l'huile, la sauce Worcestershire, le sel et le sucre au fond de la cuve. Versez par-dessus la farine puis la levure boulangère, sans que celle-ci entre en contact avec le sel. Sélectionnez le programme et choisissez la couleur de croûte désirée.

Pain russe

Programme : pain complet
Pour 1 pain de : 650 g environ

- 400 g de farine blanche
- 100 g de farine de seigle
- 15 g de beurre
- 2 cs de cacao non sucré
- 1/2 cc de café instantané
- 2 cs de mélasse
- 330 ml de lait
- 2 cc de levure déshydratée
- 1,5 cc de sel

Placez les ingrédients dans la cuve dans l'ordre préconisé par le constructeur. Sélectionnez le programme et choisissez la couleur de croûte désirée.

Pain au chorizo

Programme : pain normal
Pour 1 pain de : 800 g environ

- 500 g de farine blanche
- 100 g de chorizo coupé en petits cubes
- 1/2 poivron rouge coupé en petits cubes
- 320 ml d'eau
- 1 cs d'huile d'olive
- 2 cc de levure instantanée
- 1 cs de sucre
- 1,5 cc de sel

Placez les ingrédients dans la cuve dans l'ordre préconisé par le constructeur, à l'exception du chorizo et du poivron.
Sélectionnez le programme et choisissez la couleur de croûte désirée.
Au bip ajoutez le chorizo et le poivron.

Pain chorizo et tournesol

Programme : pain normal ou français
Pour 1 pain de : 600 g environ

- 400 g de farine spéciale pain de campagne
- 100 g de chorizo
- 1 cs de graines de tournesol
- 240 ml d'eau
- 1 cs d'huile d'olive
- 2 cc de levure boulangère spéciale pain
- 2 cc de sucre
- 1 cc de sel

Placez l'eau, l'huile, le sel et le sucre au fond de la cuve.
Versez par-dessus la farine puis la levure boulangère, sans que celle-ci entre en contact avec le sel.
Sélectionnez le programme et choisissez la couleur de croûte désirée.
Au bip, ajoutez les graines de tournesol et le chorizo coupé en rondelles.

Pain paysan

Programme : pain complet
Pour 1 pain de : 700 g environ

- 400 g de farine blanche
- 100 g de farine complète
- 30 g de lardons grillés
- 30 g de noix grossièrement hachées
- 310 ml d'eau
- 1 cs d'huile de noix
- 2 cc de levure déshydratée
- 1 cs de sucre
- 1 cc de sel

Placez les ingrédients dans la cuve dans l'ordre préconisé par le constructeur, à l'exception des lardons et des noix.
Sélectionnez le programme et choisissez la couleur de croûte désirée.
Faites revenir les lardons dans une poêle antiadhésive, laissez-les tiédir sur du papier absorbant.
Au bip ajoutez les lardons et les noix.

Pain au potiron

Programme : pain complet
Pour 1 pain de : 800 g environ

- 400 g de farine blanche
- 100 g de farine complète
- 200 g de potiron
- 1 cs d'huile
- 100 ml d'eau
- 2 cc de levure instantanée
- 1 cs de sucre
- 1,5 cc de sel

Préparez une purée de potiron assez liquide et réservez au chaud.
Placez les ingrédients dans la cuve dans l'ordre préconisé par le constructeur.
Sélectionnez le programme et choisissez la couleur de croûte désirée.

Pain au basilic

Programme : pain normal
Pour 1 pain de : 550 g environ

- 400 g de farine spéciale pain
- 8 feuilles de basilic
- 240 ml d'eau
- 1,5 cs d'huile d'olive
- 2 cc de levure boulangère spéciale pain
- 1 cs de sucre
- 1 cc de sel

Placez l'eau, l'huile, le sel et le sucre au fond de la cuve. Versez par-dessus la farine puis la levure boulangère, sans que celle-ci entre en contact avec le sel. Sélectionnez le programme et choisissez la couleur de croûte désirée. Au bip, ajoutez les feuilles de basilic ciselées.

Pain au pesto

Programme : pain normal ou français
Pour 1 pain de : 700 g environ

- 500 g de farine T 55
- 30 g de pignons de pin
- 3 cs de pesto
- 270 ml d'eau
- 1,5 cc de levure déshydratée
- 2,5 cc de sucre
- 1,5 cc de sel

Placez les ingrédients dans la cuve dans l'ordre préconisé par le constructeur. Sélectionnez le programme et choisissez la couleur de croûte désirée.
Au bip, ajoutez les pignons.

Ce pain est excellent avec une salade ou à l'apéritif.

Pain à l'oignon

Programme : pain normal ou français
Pour 1 pain de : 750 g environ

- 500 g de farine T 55
- 90 g d'oignon
- 1,5 cs d'huile d'olive
- 285 ml d'eau
- 1,5 cc de levure déshydratée
- 2,5 cc de sucre
- 1,5 cc de sel

Placez les ingrédients dans la cuve dans l'ordre préconisé par le constructeur.
Sélectionnez le programme et choisissez la couleur de croûte désirée.
Émincez l'oignon et faites-le revenir dans une poêle, laissez-le reposer sur du papier absorbant. Au bip, ajoutez-le dans la cuve.

On peut ajouter aussi un peu de comté râpé. Ce pain sera délicieux avec une ratatouille ou un plat de légumes.

Pain à l'oignon et au fromage

Programme : pain normal
Pour 1 pain de : 750 g environ

- 500 g de farine blanche
- 70 g d'emmenthal râpé
- 2 oignons
- 300 ml d'eau
- 1 cs d'huile d'olive
- 2 cc de levure déshydratée
- 1 cs de sucre
- 1,5 cc de sel

Placez les ingrédients dans la cuve dans l'ordre préconisé par le constructeur, à l'exception des oignons et de l'emmenthal. Sélectionnez le programme et choisissez la couleur de croûte désirée.
Épluchez les oignons et émincez-les, faites les rissoler dans une poêle antiadhésive. Au bip ajoutez les oignons et l'emmenthal.

Pain façon muffin au sésame

Programme : pain normal
Pour 1 pain de : 700 g environ

- 500 g de farine blanche
- 30 g de graines de sésame grillées
- 2 cs de lait en poudre
- 15 g de beurre
- 300 ml d'eau
- 2 cc de levure déshydratée
- 2 cs de sucre
- 1,5 cc de sel

Placez les ingrédients dans la cuve dans l'ordre préconisé par le constructeur, à l'exception des graines de sésame.
Sélectionnez le programme et choisissez la couleur de croûte désirée.
Au bip ajoutez les graines de sésame.

Pain au riz

Programme : pain normal
Pour 1 pain de : 700 g environ

- 500 g de farine blanche
- 35 g de riz
- 1 pointe de poivre de cayenne
- 15 g de beurre
- 310 ml d'eau
- 2 cc de levure déshydratée
- 1 cs de sucre
- 1,5 cc de sel

Faites cuire le riz, puis égouttez et réservez, on l'utilisera une fois refroidi.
Placez les ingrédients dans la cuve dans l'ordre préconisé par le constructeur.
Sélectionnez le programme et choisissez la couleur de croûte désirée.

Pain aux algues

Programme : pain normal ou français
Pour 1 pain de : 700 g environ

- 500 g de farine spéciale pain
- 50 g d'algues déshydratées
- 280 ml d'eau
- 2,5 cs d'huile
- 2 cc de levure boulangère spéciale pain
- 2,5 cc de sucre
- 1,5 cc de sel

Placez l'eau, l'huile, le sel et le sucre au fond de la cuve. Versez par-dessus la farine puis la levure boulangère, sans que celle-ci entre en contact avec le sel.
Sélectionnez le programme et choisissez la couleur de croûte désirée.
Au bip, ajoutez les algues hachées.

Pain asiatique

Programme : pain normal
Pour 1 pain de : 650 g environ

- 500 g de farine blanche
- 1 petite poignée de germes de soja frais
- 1 cc de sauce nuoc-mâm
- 1 cc de sauce de soja
- 1/2 cc de quatre-épices
- 1/2 cc de gingembre en poudre
- 1 cs d'huile d'olive
- 300 ml d'eau
- 2 cc de levure instantanée
- 1 cs de sucre
- 1 cc de sel

Placez les ingrédients dans la cuve dans l'ordre préconisé par le constructeur, à l'exception du soja. Sélectionnez le programme pain et choisissez la couleur de croûte désirée.
Au bip ajoutez les germes de soja.

Pain à la coriandre

Programme : pain normal
Pour 1 pain de : 650 g environ

- 500 g de farine blanche
- 2 cs de coriandre
- 1/2 cc de quatre-épices
- 1 gousse d'ail écrasée
- 1 cs d'huile de sésame
- 320 ml de lait
- 2 cc de levure instantanée
- 1 cs de sucre
- 1,5 cc de sel

Placez les ingrédients dans la cuve dans l'ordre préconisé par le constructeur.
Sélectionnez le programme pain et choisissez la couleur de croûte désirée.

Pain surprise

Programme : pâte
Cuisson : 50 minutes environ
Pour 1 pain de : 650 g environ
Pour faciliter la découpe le pain doit être fait 48 heures à l'avance.

- 300 g de farine T 55
- 150 g de farine complète (T 110)
- 50 g de farine de seigle
- 20 g de beurre
- 310 ml d'eau
- 2,5 cc de levure déshydratée instantanée
- 2 cc de sel

Placez tous les ingrédients dans la cuve dans l'ordre préconisé par le constructeur. Sélectionnez le programme. Une fois qu'il est terminé, farinez-vous les mains, sortez délicatement la pâte de la machine. Sur un plan de travail légèrement fariné, façonnez rapidement une boule que vous placerez au milieu d'un cercle à pain surprise généreusement beurré. Laissez lever à température ambiante pendant 1 h à 1 h 30. La pâte doit doubler de volume. Préchauffez le four à 210 °C. une fois qu'il est chaud, enfournez pour 15 minutes à 210 °C puis prolongez la cuisson 35 minutes à 180 °C. Sortez du four, retirez le pain du moule et laissez refroidir sur une grille. Laissez-le de côté et à l'air libre 48 h avant de procéder à la découpe.

Découpez le chapeau du pain à l'aide d'un couteau très long à lame fine, le plus droit possible. Coupez la mie sur tout le tour du pain à environ 0,5 cm du bord, puis pratiquez une incision dans la base du pain et faites glisser la lame à l'intérieur afin de pouvoir détacher le bloc de mie facilement. Passez délicatement votre main entre la croûte du pain et la mie afin de pouvoir détacher la mie et sortir le bloc sans l'abîmer. Une fois sorti, coupez-le en deux afin d'obtenir deux demi-cylindres. Coupez chaque demi-cylindre en 8 ou 10 tranches les plus régulières possible à l'aide 'un couteau à pain ou avec une trancheuse, ce qui sera plus facile. Une fois l'opération effectuée, étalez la garniture désirée sur 8 à 10 demi-cylindres suivant le nombre de tranches que vous avez obtenus, l'autre moitié servira pour l'autre partie des sandwichs. Une fois tous les sandwiches constitués, coupez-les en 4 parts égales. Déposez chaque petit sandwich dans le pain afin de le reconstituer.

Une fois le pain surprise monté, reposez le chapeau sur le dessus et ornez celui-ci d'un ruban si vous le souhaitez. Vous pouvez garnir de pâté de campagne, jambon blanc, jambon cru, fromage à tartiner, roquefort, etc.

Pain de mie

Programme : pâte
Cuisson : 30 minutes
Pour 2 pains de : 400 g environ

- 500 g de farine T 55
- 70 g de beurre
- 1 œuf
- 300 ml de lait environ
- 1,5 cc de levure déshydratée instantanée
- 20 g de sucre
- 10 g de sel

Variantes :
Pain de mie céréales : 300 g de farine T 55, 200 g de farine 7 céréales, 310 ml de lait.

Pain de mie complet : 300 g de farine T 55, 200 g de farine complète (T 110), 310 ml de lait.

Vous pouvez aussi ajouter des raisins ou des graines à raison de 50 g par 500 g de farine.

Cassez l'œuf dans un verre mesureur, et complétez avec du lait jusqu'à 300 ml.
Placez tous les ingrédients dans la cuve dans l'ordre préconisé par le constructeur.
Sélectionnez le programme.
Une fois qu'il est terminé, farinez-vous les mains, sortez délicatement la pâte de la machine. Sur un plan de travail légèrement fariné, divisez la pâte en deux portions de poids égal, façonnez rapidement deux boules et laissez-les lever 30 minutes sous un linge humide. Au bout de ces 30 minutes aplatissez délicatement le pâton et allongez-le de la taille du moule à pain de mie. Garnissez le moule préalablement beurré et laissez reposer. La pâte doit lever aux deux tiers du moule.
Préchauffez le four à 230 °C.

Fermez le couvercle du moule et enfournez pour 30 minutes.
À défaut de moule à pain mie, vous pouvez utiliser un moule à cake. Au terme de la cuisson démoulez le pain de mie.
Laissez refroidir sur une grille.

Pain de mie aux céréales

Programme : pain normal
Pour 1 pain de : 650 g environ

- 300 g de farine T 55
- 200 g de farine 5 céréales
- 40 g de beurre
- 100 ml de lait
- 200 ml d'eau
- 2 cc de levure déshydratée
- 20 g de sucre
- 1,5 cc de sel

Placez les ingrédients dans la cuve dans l'ordre préconisé par le constructeur. Sélectionnez le programme et choisissez la couleur de croûte désirée.

Pain de mie complet

Programme : pain complet
Pour 1 pain de : 750 g environ

- 300 g de farine spéciale pain au lait ou brioché
- 200 g de farine complète
- 40 g de beurre
- 210 ml d'eau
- 110 ml de lait
- 2 cc de levure boulangère spéciale pain
- 20 g de sucre
- 1,5 cc de sel

Placez l'eau, le lait, le beurre fondu, le sel et le sucre au fond de la cuve. Versez par-dessus les farines puis la levure boulangère, sans que celle-ci entre en contact avec le sel. Sélectionnez le programme et choisissez la couleur de croûte désirée.

Briochettes au comté

Programme : pâte
Préparation : 10 minutes
Repos : 1 h 30
Cuisson : 20 minutes
Pour : 24 briochettes environ

- 250 g de farine spéciale pain
- 100 g de comté
- 60 g de beurre
- 2 œufs
- 140 ml de lait
- 1,5 cc de levure boulangère spéciale pain
- 2 cs de sucre
- 1,5 cc de sel

Placez le lait, les œufs battus, le beurre fondu, le sel et le sucre au fond de la cuve. Versez par-dessus la farine puis la levure boulangère, sans que celle-ci entre en contact avec le sel. Sélectionnez le programme. Après la levée, sortez la pâte et répartissez-la dans de petits moules d'environ 3 cm de diamètre, jusqu'à mi-hauteur.

Découpez le comté en petits cubes. Ajoutez un morceau de fromage dans chaque moule. Recouvrez-les d'un torchon humide et laissez lever à nouveau pendant 1 h 30, dans un endroit tiède et humide. Préchauffez votre four à 180 °C (th. 6). Enfournez les briochettes et laissez cuire 20 minutes. Dégustez tiède.

Brioche aux saucisses

Programme : pain normal
Pour 1 brioche de : 750 g environ

- 400 g de farine blanche
- 4 saucisses de Strasbourg coupées en rondelles
- 2 œufs
- 70 g de beurre
- 240 ml de lait tiède environ
- 2 cc de levure instantanée
- 1 cs de sucre
- 1,5 cc de sel

Battez les œufs dans un verre mesureur et ajoutez du lait jusqu'à obtenir 240 ml.
Placez les ingrédients dans la cuve dans l'ordre préconisé par le constructeur, à l'exception des saucisses. Sélectionnez le programme et choisissez la couleur de croûte moyenne.
Au bip ajoutez les saucisses.

Brioche au comté

Programme : pain normal
Pour 1 brioche de : 750 g environ

- 400 g de farine blanche
- 70 g de comté râpé
- 70 g de beurre
- 2 œufs
- 240 ml de lait tiède environ
- 2 cc de levure instantanée
- 1 cs de sucre
- 1,5 cc de sel

Battez les œufs dans un verre mesureur et ajoutez du lait jusqu'à 240 ml.
Placez les ingrédients dans la cuve dans l'ordre préconisé par le constructeur, à l'exception du comté. Sélectionnez le programme et choisissez la couleur de croûte moyenne.
Au bip ajoutez 55 g de comté.
10 minutes après le début de la cuisson, ouvrez la machine et parsemez le dessus du pain avec le comté restant. Ce geste doit s'effectuer le plus rapidement possible afin que le pain ne retombe pas.

Pain brioché pruneaux et noix de cajou

Programme : pain brioché
Pour 1 pain de : 700 g environ

- 400 g de farine spéciale pain au lait ou brioché
- 130 g de pruneaux dénoyautés
- 60 g de noix de cajou
- 15 g de beurre
- 210 ml d'eau
- 2 cc de levure boulangère spéciale pain
- 2 cc de sucre
- 1 cc de sel

Placez l'eau, le beurre fondu, le sel, le sucre au fond de la cuve. Versez par-dessus la farine puis la levure boulangère, sans que celle-ci entre en contact avec le sel.
Sélectionnez le programme et choisissez la couleur de croûte désirée.
Au bip, ajoutez les pruneaux dénoyautés et les noix de cajou.

Pain brioché aux fines herbes

Programme : pain brioché
Pour 1 pain de : 550 g environ

- 400 g de farine spéciale pain au lait ou brioché
- 15 g de beurre
- 1 cs de ciboulette ciselée
- 1 cs de basilic
- 1 cs de cresson ciselé
- 1 cs de roquette ciselée
- 230 ml de lait
- 2 cc de levure boulangère spéciale pain
- 2 cc de sucre
- 1 cc de sel

Placez le lait, le beurre fondu, le sel et le sucre au fond de la cuve. Versez par-dessus la farine puis la levure boulangère, sans que celle-ci entre en contact avec le sel.
Sélectionnez le programme et choisissez la couleur de croûte désirée.
Au bip, ajoutez les fines herbes.

Pain au lait aux herbes de Provence

Programme : pain normal
Pour 1 pain de : 650 g environ

- 500 g de farine blanche
- 2 cc d'herbes de Provence
- 1 gousse d'ail écrasée
- 320 ml de lait
- 1 cs d'huile d'olive
- 2 cc de levure instantanée
- 1 cs de sucre
- 1,5 cc de sel

Placez les ingrédients dans la cuve dans l'ordre préconisé par le constructeur.
Sélectionnez le programme et choisissez la couleur de croûte moyenne.

Fougasses aux grattons de canard

Programme : pâte
Préparation : 10 minutes
Repos : 30 minutes
Cuisson : 15 minutes
Pour 2 fougasses de : 300 g environ

- 400 g de farine spéciale pain
- 100 g de grattons de canard
- 210 ml d'eau
- 1 cs d'huile d'olive
- 2 cc de levure boulangère spéciale pain
- 1 cs de sucre
- 1 cc de sel

Placez l'eau, l'huile, le sel et le sucre au fond de la cuve.
Versez par-dessus la farine puis la levure boulangère, sans que celle-ci entre en contact avec le sel. Sélectionnez le programme. Au bip, ajoutez les grattons de canard. Après la levée, sortez la pâte de la cuve et coupez-la en deux. Étalez chaque boule sur 2 cm d'épaisseur environ et coupez des lamelles en les laissant accrochées par leur base. Laissez lever à nouveau pendant 30 minutes, dans un endroit tiède et humide. Faites cuire au four à 210 °C (th. 7), pendant 15 minutes environ.

Fougasses

Programme : pâte
Cuisson : 20 à 30 minutes
Pour 2 fougasses de : 350 g environ

Levain :

- 150 g de farine T 55
- 150 ml d'eau
- 1 cc de levure déshydratée instantanée

Pâte :

- 360 g de farine T 55
- 2 cs d'huile d'olive
- 140 ml d'eau
- 1 cc de levure déshydratée instantanée
- 10 g de sel

LEVAIN :
Dans un saladier, délayez énergiquement au fouet pendant environ 2 minutes la farine et la levure préalablement délayée dans l'eau. Le mélange obtenu ne doit pas présenter de grumeaux. Couvrez d'un film alimentaire et laissez fermenter 24 heures à température ambiante.

PÂTE :
Ajoutez les ingrédients dans la cuve dans l'ordre suivant : 140 ml d'eau, 2 cs d'huile d'olive, 10 g de sel, 180 g de farine, 1 cc de levure, 180 g de farine restant. En dernier ajoutez le levain. Sélectionnez le programme. Une fois qu'il est terminé, farinez-vous les mains, sortez délicatement la pâte de la machine. Sur un plan de travail légèrement fariné façonnez rapidement une boule. Couvrez d'un torchon humide et laissez reposer 30 minutes. Au bout de ces 30 minutes abaissez la pâte en 2 rectangles de 3 cm d'épaisseur. posez sur une plaque de cuisson recouverte de papier sulfurisé. Entaillez des lanières de pâte et écartez-les généreusement (les fentes vont se refermer pendant la deuxième pousse). Laissez lever à nouveau 40 minutes. Préchauffez le four à 250 °C en plaçant un récipient rempli d'eau dans le fond.
Une fois le four chaud, à l'aide d'un pinceau, badigeonnez les fougasses d'huile d'olive et enfournez. Baissez la température du four à 220 °C et laissez cuire 20 à 30 minutes. Au terme de la cuisson, les fougasses doivent avoir une belle couleur dorée. Laissez tiédir sur une grille.

Fougasse au roquefort

Programme : pâte
Cuisson : 20 à 30 minutes
Pour 1 fougasse de : 650 g environ

Levain :
- 150 g de farine T 55
- 150 ml d'eau
- 1 cc de levure déshydratée instantanée

Pâte :
- 360 g de farine T 55
- 2 cs d'huile d'olive
- 140 ml d'eau
- 1 cc de levure déshydratée instantanée
- 10 g de sel

Garniture :
- 150 g de roquefort

LEVAIN :
Dans un saladier, délayez énergiquement au fouet pendant environ 2 minutes la farine et la levure préalablement délayée dans l'eau. Le mélange obtenu ne doit pas présenter de grumeaux. Couvrez d'un film alimentaire et laissez fermenter 24 heures à température ambiante.

PÂTE :
Ajoutez les ingrédients dans la cuve dans l'ordre suivant : 140 ml d'eau, 2 cs d'huile d'olive, 10 g de sel, 180 g de farine, 1 cc de levure, 180 g de farine restant. En dernier ajoutez le levain.
Sélectionnez le programme.
Une fois qu'il est terminé, farinez-vous les mains, sortez délicatement la pâte de la machine. Sur un plan de travail légèrement fariné façonnez rapidement une boule. Couvrez-la d'un torchon humide et laissez reposer 30 minutes.
Coupez le roquefort en petits cubes. Au bout de ces 30 minutes abaissez la pâte en un rectangle de 2 cm d'épaisseur. Parsemez de roquefort sur une moitié et pliez la pâte en deux. Posez la pâte sur une plaque de cuisson recouverte de papier sulfurisé, entaillez des lanières de pâte et écartez-les généreusement (les fentes vont se refermer pendant la deuxième pousse).
Laissez lever à nouveau 40 minutes. Préchauffez le four à 250 °C en plaçant un récipient rempli d'eau dans le fond.
Une fois le four chaud, à l'aide d'un pinceau badigeonnez la fougasse d'huile d'olive et enfournez. Baissez aussitôt la température du four à 220 °C et laissez cuire 20 à 30 minutes.
Laissez tiédir sur une grille.

VARIANTE : Vous pouvez remplacer le roquefort par des lardons préalablement revenus dans une poêle antiadhésive, ou par des morceaux d'olives noires.

Kouglof magret de canard et pistaches

Programme : pâte
Préparation : 5 minutes
Repos : 1 heure
Cuisson : 25 minutes
Pour 1 kouglof de : 700 g environ

- 400 g de farine spéciale pain au lait ou brioché
- 40 g de magret de canard séché et fumé
- 60 g de pistaches décortiquées
- 75 g de beurre
- 200 ml d'eau
- 2 cc de levure boulangère spéciale pain
- 1 cs de sucre
- 1 cc de sel

Placez l'eau, le beurre fondu, le sel et le sucre au fond de la cuve. Versez par-dessus la farine puis la levure boulangère, sans que celle-ci entre en contact avec le sel. Sélectionnez le programme. Au bip, ajoutez le magret de canard coupé en morceaux et les pistaches. Après la levée, sortez la pâte et placez-la dans un moule beurré. Laissez lever à nouveau pendant 1 heure environ, dans un endroit tiède et humide. Faites cuire au four à 210 °C (th. 7), pendant 25 minutes environ.

Kouglof salé

Programme : pâte
Cuisson : 30 minutes
Pour 1 kouglof de : 800 g environ

- 400 g de farine T 55
- 70 g de lardons
- 70 g de noix
- 120 g de beurre
- 2 œufs
- 220 ml de lait environ
- 2 cc de levure déshydratée instantanée
- 1 cs de sucre
- 5 g de sel

Cassez les œufs dans un verre mesureur, et complétez avec du lait jusqu'à 220 ml.
Placez tous les ingrédients dans la cuve dans l'ordre préconisé par le constructeur. Sélectionnez le programme.
Ajoutez les lardons revenus et les noix concassées, au bip ou en milieu de pétrissage.
Une fois le programme terminé, farinez-vous les mains, sortez délicatement la pâte de la machine. Sur un plan de travail légèrement fariné façonnez rapidement une boule et déposez-la dans un moule à kouglof préalablement beurré.
Laissez lever à nouveau entre 1 h et 1 h 30 selon la température ambiante. La pâte doit doubler de volume. Préchauffez le four à 180 °C. Une fois le four chaud, enfournez immédiatement et faites cuire 30 minutes. Servez tiède.

Cake au chorizo

Programme : pâtisserie
Pour 1 cake de : 850 g environ

- 200 g de farine autolevante
- 150 g de chorizo coupé en petits morceaux
- 100 g de poivron coupé en cubes
- 100 g de fromage râpé
- 1 cc d'épices mexicaines
- 4 œufs
- 125 ml de bière dégazée (à dégazer soi-même)
- 100 ml d'huile d'olive
- 1 cc de sel
- 1 cc de poivre

Battez les œufs en omelette. Placez les ingrédients dans la cuve en commençant par les œufs et tous les ingrédients liquides, en finissant par la farine. Sélectionnez le programme.
Une fois qu'il est terminé, démoulez le cake sur une assiette. Servez tiède ou froid.

Cake au bacon

Programme : pâtisserie
Pour 1 cake de : 800 g environ

- 250 g de farine autolevante
- 100 g de bacon coupé en lanières
- 150 g de fromage à raclette
- 1 gousse d'ail écrasée
- 4 œufs
- 125 ml de vin blanc
- 100 ml d'huile d'olive
- sel
- poivre

Battez les œufs en omelette. Placez les ingrédients dans la cuve en commençant par les œufs et tous les ingrédients liquides, en finissant par la farine. Sélectionnez le programme. Une fois qu'il est terminé, démoulez le cake sur une assiette. Servez tiède ou froid.

Cake aux fromages

Programme : pâtisserie
Pour 1 cake de : 800 g environ

- 250 g de farine autolevante
- 70 g de comté
- 70 g d'emmenthal râpé
- 70 g de parmesan
- 1 cc d'ail en poudre
- 4 œufs
- 125 ml de vin blanc
- 100 ml d'huile d'olive
- 1 cc de sel
- 1 cc de poivre

Battez les œufs en omelette. Placez les ingrédients dans la cuve en commençant par les œufs et tous les ingrédients liquides, en finissant par la farine. Sélectionnez le programme. Une fois qu'il est terminé, démoulez le cake sur une assiette. Servez tiède ou froid.

Cake à la feta

Programme : pâtisserie
Pour 1 cake de : 800 g environ

- 250 g de farine autolevante
- 150 g de feta égouttée en cubes
- 50 g de pignons de pin
- 50 g de parmesan râpé
- 2 gousses d'ail écrasées
- 3 feuilles de basilic
- 4 œufs
- 125 ml de vin blanc
- 100 ml d'huile d'olive
- sel
- poivre

Battez les œufs en omelette. Placez les ingrédients dans la cuve en commençant par les œufs et tous les ingrédients liquides, en finissant par la farine. Sélectionnez le programme. Une fois qu'il est terminé, démoulez le cake sur une assiette. Servez tiède ou froid.

Cake aux tomates sèches

Programme : pâtisserie
Pour 1 cake de : 700 g environ

- 250 g de farine autolevante
- 100 g de tomates séchées à l'huile coupées en petits morceaux
- 100 g de fromage râpé
- 4 œufs
- 125 ml de lait
- 100 ml d'huile d'olive ou de l'huile des tomates séchées
- sel
- poivre

Battez les œufs en omelette. Placez les ingrédients dans la cuve en commençant par les œufs et tous les ingrédients liquides, en finissant par la farine. Sélectionnez le programme.
Une fois qu'il est terminé, démoulez le cake sur une assiette. Servez tiède ou froid.

Cake aux oignons

Programme : pâtisserie
Pour 1 cake de : 800 g environ

- 250 g de farine autolevante
- 4 oignons émincés
- 100 g de fromage râpé
- 4 œufs
- 50 ml de crème fraîche
- 125 ml de vin blanc
- 50 ml d'huile d'olive
  + huile pour les oignons
- sel
- poivre

Faites revenir les oignons dans une poêle avec un peu d'huile, jusqu'à ce qu'ils aient une belle couleur dorée.
Battez les œufs en omelette.
Placez les ingrédients dans la cuve en commençant par les œufs et tous les ingrédients liquides, en finissant par la farine. Sélectionnez le programme.
Une fois qu'il est terminé, démoulez le cake sur une assiette. Servez tiède ou froid.

Cake au thon

Programme : pâtisserie
Pour 1 cake de : 800 g environ

- 250 g de farine autolevante
- 250 g de thon en boîte au naturel
- 100 g de fromage râpé
- 1 cc d'ail en poudre
- 1 bonne pincée de coriandre
- 1 bonne pincée de persil
- 1,2 cc de curry
- 4 œufs
- 125 ml de lait
- 100 ml d'huile d'olive
- 1 cc de sel
- 1 cc de poivre

Battez les œufs en omelette. Placez les ingrédients dans la cuve en commençant par les œufs et tous les ingrédients liquides, en finissant par la farine. Sélectionnez le programme.
Une fois qu'il est terminé, démoulez le cake sur une assiette. Servez tiède ou froid.

Cake crabe et gingembre

Programme : pâtisserie
Pour 1 cake de : 650 g environ

- 250 g de farine à gâteaux
- 100 g de miettes de crabe
- 3 œufs
- 75 g de beurre
- 120 ml de lait
- 1/2 cc de gingembre frais râpé
- 1,5 cc de sel

Placez le lait, les œufs battus, le beurre fondu et le sel au fond de la cuve. Versez par-dessus la farine. Sélectionnez le programme.
Au bip, ajoutez les miettes de crabe et le gingembre.

Cake anchois et olives

Programme : pâtisserie
Pour 1 cake de : 800 g environ

- 250 g de farine à gâteaux
- 200 g d'anchois à l'huile
- 100 g d'olives dénoyautées
- 3 œufs
- 100 ml de lait
- 100 ml d'huile d'olive
- 1 cc de curry
- 1 cc de sel
- 1 cc de poivre

Placez le lait, l'huile, les œufs battus, le sel, le poivre et le curry au fond de la cuve. Versez par-dessus la farine. Sélectionnez le programme. Au bip, ajoutez les anchois à l'huile (préalablement égouttés) et les olives.

Cake au maïs et au jambon

Programme : pâtisserie
Pour 1 cake de : 850 g environ

- 200 g de farine autolevante
- 50 g de farine de maïs
- 100 g de maïs
- 100 g de talon de jambon coupé en petits cubes
- 100 g de fromage râpé
- 4 œufs
- 125 ml de lait
- 100 ml d'huile d'olive
- 1 bouquet de persil
- sel
- poivre

Battez les œufs en omelette. Placez les ingrédients dans la cuve en commençant par les œufs et tous les ingrédients liquides, en finissant par la farine. Sélectionnez le programme.
Servez tiède ou froid.

Hot dogs à ma façon

Programme : pâte
Cuisson : 15 à 20 minutes
Pour : 12 pièces

Pâte :
- 500 g de farine T 55
- 30 g de beurre
- 1 œuf
- 150 ml d'eau environ
- 150 ml de lait environ
- 1,5 cc de levure déshydratée instantanée
- 2 cs de sucre
- 10 g de sel

Garniture :
- moutarde forte
- saucisses de Strasbourg
- emmenthal râpé

Glaçage :
- emmenthal râpé
- 1 œuf
- un peu d'eau

Cassez l'œuf dans un verre mesureur, et complétez jusqu'à 300 ml avec de l'eau et du lait en quantités égales.
Placez tous les ingrédients dans la cuve dans l'ordre préconisé par le constructeur. Sélectionnez le programme. Une fois qu'il est terminé, farinez-vous les mains, sortez délicatement la pâte de la machine. Sur un plan de travail légèrement fariné divisez la pâte en douze portions de poids égal, et laissez lever 30 minutes sous un linge humide. Prenez un pâton, aplatissez-le délicatement afin d'obtenir un rectangle en prenant soin de ne pas trop écraser la pâte. Déposez sur chaque pâton ainsi aplati une bonne cuillère à café de moutarde, parsemez d'un peu d'emmenthal râpé. Posez la saucisse à 2 cm du bord supérieur et roulez la pâte afin de l'enrober totalement. Placez sur la plaque de cuisson, la soudure en dessous, en prenant soin de bien espacer les pâtons car ils vont gonfler. Laissez lever à nouveau entre 1 h et 1 h 30 selon la température ambiante. La pâte doit doubler de volume.
Préchauffez le four à 210 °C. Une fois le four chaud, badigeonnez à l'aide d'un pinceau les hot dogs avec l'œuf battu mélangé à un peu d'eau. Parsemez d'un peu d'emmenthal râpé. Enfournez immédiatement, et faites cuire entre 15 et 20 minutes. Les petits pains doivent être dorés. Servez chaud ou tiède avec une salade.

Pains sandwich

Programme : pâte
Cuisson : 15 à 20 minutes
Pour : 12 pièces

Pâte :

- 500 g de farine T 55
- 70 g de beurre
- 2 œufs
- 300 ml de lait environ
- 1,5 cc de levure déshydratée instantanée
- 2 cs de sucre
- 10 g de sel

Glaçage :

- 1 œuf
- un peu d'eau

Cassez les œufs dans un verre mesureur, et complétez avec du lait jusqu'à 300 ml.
Placez tous les ingrédients dans la cuve dans l'ordre préconisé par le constructeur. Sélectionnez le programme. Une fois qu'il est terminé, farinez-vous les mains, sortez délicatement la pâte de la machine. Sur un plan de travail légèrement fariné, divisez la pâte en douze portions de poids égal, et laissez lever 30 minutes sous un linge humide. Prenez un pâton, aplatissez-le délicatement afin d'obtenir un rectangle en prenant soin de ne pas trop écraser la pâte, ramenez les deux extrémités vers son milieu. Repliez le pâton en deux dans le sens horizontal et soudez les bouts joints avec la paume des mains. Placez la soudure sur le dessus, et avec les deux mains sur le pâton, commencez à le faire rouler sur lui-même en écartant progressivement les mains jusqu'à la taille désirée. Placez le petit pain façonné la soudure en dessous. Recommencez l'opération puis prenez soin de bien espacer les pains car ils vont gonfler. Laissez lever à nouveau entre 1 h et 1 h 30 selon la température ambiante.
La pâte doit doubler de volume. Préchauffez le four à 210 °C. Une fois le four chaud, badigeonnez à l'aide d'un pinceau les petits pains avec l'œuf battu mélangé à un peu d'eau. Faites des entailles d'environ 1 cm sur toute la longueur des petits pains à l'aide de ciseaux trempés dans l'eau froide. Les ciseaux devront être tenus le plus horizontalement possible. Enfournez immédiatement après la coupe, et faites cuire entre 15 et 20 minutes. Les petits pains doivent être dorés.
Laissez refroidir au moins 1 h sur une grille.

Pizza

Programme : pâte
Cuisson : 15 minutes
Pour 1 pizza de : 500 g environ

Pâte :

- 300 g de farine T 55
- 170 ml d'eau
- 2 cs d'huile d'olive
- 1,5 cc de levure déshydratée instantanée
- 1 cc de sel

Garniture :

- 80 g de fromage râpé
- 40 g de parmesan en copeaux
- 10 olives niçoises
- 4 cs de sauce tomate cuisinée
- 1 cc d'ail en poudre
- 1 cc d'origan
- 2 cc d'huile pimentée

Variante : Vous pouvez changer la garniture de la pizza à volonté, laissez aller votre imagination : roquefort/ chèvre, jambon/ champignons, tomates fraîches/ mozzarella, saumon/ aneth, etc.

Placez tous les ingrédients dans la cuve dans l'ordre préconisé par le constructeur. Sélectionnez le programme. Une fois qu'il est terminé, farinez-vous les mains, sortez délicatement la pâte de la machine. Sur un plan de travail légèrement fariné, étalez la pâte en cercle à l'aide d'un rouleau à pâtisserie. Déposez la pâte sur une plaque de cuisson recouverte de papier sulfurisé. Laissez lever à nouveau 30 minutes selon la température ambiante. Préchauffez le four à 230 °C. Une fois le four chaud, étalez la sauce tomate sur la pâte, saupoudrez avec l'ail en poudre et l'origan, couvrez de fromage râpé, parsemez de copeaux de parmesan et placez les olives. Enfournez immédiatement et faites cuire 15 minutes. À la sortie du four ajoutez l'huile pimentée et servez de suite.

Pains hamburger

Programme : pâte
Cuisson : 15 à 20 minutes
Pour : 12 pièces

Pâte :
- 500 g de farine T 55
- 30 g de beurre
- 1 œuf
- 150 ml d'eau environ
- 150 ml de lait
- 1,5 cc de levure déshydratée instantanée
- 2 cs de sucre
- 10 g de sel

Glaçage :
- 20 g de graines de sésame
- 1 œuf
- un peu d'eau

Cassez l'œuf dans un verre mesureur, et complétez avec l'eau jusqu'à 150 ml.
Placez tous les ingrédients dans la cuve dans l'ordre préconisé par le constructeur.
Sélectionnez le programme.
Une fois qu'il est terminé, farinez-vous les mains, sortez délicatement la pâte de la machine. Sur un plan de travail légèrement fariné, façonnez rapidement une boule et laissez reposer 30 minutes. Au bout de ces 30 minutes abaissez la pâte en un rectangle de 1,5 à 2 cm d'épaisseur. À l'aide d'un emporte-pièce de 9 cm de diamètre ou à défaut d'un verre à whisky, découpez des ronds de pâte que vous déposerez délicatement sur la plaque de cuisson recouverte de papier sulfurisé. Laissez lever à nouveau environ 1 h selon la température ambiante. La pâte doit doubler de volume.
Préchauffez le four à 210 °C. Une fois le four chaud, badigeonnez à l'aide d'un pinceau les petits pains avec l'œuf battu mélangé à un peu d'eau puis saupoudrez de graines de sésame. Enfournez immédiatement et faites cuire entre 15 et 20 minutes. Les petits pains doivent être dorés. Laissez refroidir au moins 1 h sur une grille.

Saucisse de Morteau en brioche

Programme : pâte
Préparation : 10 minutes
Repos : au moins 30 minutes
Cuisson : 20 minutes
Pour une brioche de : 800 g environ

- 400 g de farine spéciale pain au lait ou brioché
- 1 saucisse de Morteau
- 70 g de beurre
- 1 jaune d'œuf
- 2 cs de moutarde à l'ancienne
- 240 ml de lait
- 2 cc de levure boulangère spéciale pain
- 4 cc de sucre
- 1 cc de sel
- 1 noix de beurre

Placez le lait, le beurre fondu, le sel et le sucre au fond de la cuve. Versez par-dessus la farine puis la levure boulangère, sans que celle-ci entre en contact avec le sel. Sélectionnez le programme. Après la levée, sortez la pâte et étalez-la. Enroulez-la autour de la saucisse de Morteau préalablement enduite de moutarde. Déposez l'ensemble dans un moule à cake beurré. Laissez lever à nouveau pendant 30 minutes à 1 heure, dans un endroit tiède et humide. Badigeonnez le dessus de la brioche avec le jaune d'œuf battu. Faites cuire au four à 210 °C (th. 7), pendant 20 minutes.

Pain énergétique

Programme : pain complet
Pour 1 pain de : 800 g environ

- 300 g de farine blanche
- 150 g de farine complète
- 50 g de farine de seigle
- 50 g de raisins secs
- 50 g d'abricots secs
- 50 g de muesli
- 4 cs de miel
- 20 g de beurre
- 340 ml de lait
- 2 cc de levure instantanée
- 1,5 cc de sel

Placez les ingrédients dans la cuve dans l'ordre préconisé par le constructeur. Sélectionnez le programme et choisissez la couleur de croûte désirée.

C'est un pain qui lève peu mais qui est très goûteux.

Pain blanc au miel

Programme : pain normal ou français
Pour 1 pain de : 650 g environ

- 500 g de farine T 55
- 20 g de beurre
- 2,5 cc de lait en poudre
- 3 cs de miel
- 300 ml d'eau
- 1,5 cc de levure déshydratée
- 1,5 cc de sel

Placez les ingrédients dans la cuve dans l'ordre préconisé par le constructeur. Sélectionnez le programme et choisissez la couleur de croûte désirée.

Pain complet aux figues

Programme : pain normal ou français
Pour 1 pain de : 700 g environ

- 250 g de farine T 55
- 250 g de farine de blé complet
- 70 g de figues sèches
- 20 g de beurre
- 2,5 cc de lait en poudre
- 300 ml d'eau
- 1,5 cc de levure déshydratée
- 2,5 cc de sucre
- 1,5 cc de sel

Placez les ingrédients dans la cuve dans l'ordre préconisé par le constructeur.
Sélectionnez le programme et choisissez la couleur de croûte désirée.
Au bip, ajoutez les figues coupées en morceaux.

Pain semi-complet au miel

Programme : pain normal ou français
Pour 1 pain de : 650 g environ

- 250 g de farine T 55
- 250 g de farine de blé complet
- 20 g de beurre
- 2,5 cc de lait en poudre
- 300 ml d'eau
- 1,5 cc de levure déshydratée
- 3 cs de miel
- 1,5 cc de sel

Placez les ingrédients dans la cuve dans l'ordre préconisé par le constructeur. Sélectionnez le programme et choisissez la couleur de croûte désirée.

Pain de son aux dattes

Programme : pain normal ou français
Pour 1 pain de : 550 g environ

- 500 g de farine T 55
- 30 g de son de blé
- 30 g de dattes
- 20 g de beurre
- 2,5 cc de lait en poudre
- 320 ml d'eau
- 1,5 cc de levure déshydratée
- 2,5 cc de sucre
- 1,5 cc de sel

Placez les ingrédients dans la cuve dans l'ordre préconisé par le constructeur. Sélectionnez le programme et choisissez la couleur de croûte désirée.
Au bip, ajoutez les dattes coupées en morceaux.

Pain aux kumquats confits

Programme : pain normal ou brioché
Pour 1 pain de : 800 g environ

- 500 g de farine spéciale pain ou spéciale pain au lait ou brioché
- 60 g de kumquats confits
- 20 g de beurre
- 300 ml d'eau
- le jus d'1 orange
- 2 cc de levure boulangère spéciale pain
- 30 g de sucre
- 1,5 cc de sel

Placez l'eau, le jus d'orange, le beurre fondu, le sel et le sucre au fond de la cuve. Versez par-dessus la farine puis la levure boulangère, sans que celle-ci entre en contact avec le sel. Sélectionnez le programme et choisissez la couleur de croûte désirée.
Au bip, ajoutez les kumquats confits coupés en petits dés.

Pain aux orangettes

Programme : pain normal
Pour 1 pain de : 600 g environ

- 400 g de farine spéciale pain
- 50 g d'orangettes
- 15 g de beurre
- 240 ml de lait
- 2 cc de levure boulangère spéciale pain
- 1,5 cc de sucre
- 1 cc de sel

Placez le lait, le beurre fondu, le sel et le sucre au fond de la cuve. Versez par-dessus la farine puis la levure boulangère, sans que celle-ci entre en contact avec le sel.
Sélectionnez le programme et choisissez la couleur de croûte désirée.
Au bip, ajoutez les orangettes.

Les orangettes sont des écorces d'orange confites, nature ou enrobées de chocolat.

Pain aux amandes

Programme : pain normal ou brioché
Pour 1 pain de : 750 g environ

- 500 g de farine T 55
- 60 g d'amandes
- 40 g de beurre
- 1 cc d'extrait d'amande amère
- 1 œuf
- 150 ml de lait
- 150 ml d'eau
- 1,5 cc de levure déshydratée
- 35 g de sucre
- 1,5 cc de sel

Battez l'œuf dans un verre mesureur et complétez avec le lait et l'eau jusqu'à 300 ml, à quantités égales. Placez les ingrédients dans la cuve dans l'ordre préconisé par le constructeur. Sélectionnez le programme et choisissez la couleur de croûte désirée. Au bip, ajoutez les amandes grossièrement hachées.

Si vous désirez accentuer le parfum de l'amande vous pouvez utiliser du lait d'amande vendu au rayon diététique des grandes surfaces.

Pain aux amandes et citron

Programme : pain normal ou brioché
Pour 1 pain de : 750 g environ

- 500 g de farine T 55
- 60 g d'amandes
- le zeste râpé d'1 citron
- 40 g de beurre
- 1 cc d'extrait d'amande amère
- 1 œuf
- 150 ml de lait
- 150 ml d'eau
- 1,5 cc de levure déshydratée
- 35 g de sucre
- 1,5 cc de sel

Battez l'œuf dans un verre mesureur et complétez avec le lait et l'eau jusqu'à 300 ml, à quantités égales.
Placez les ingrédients dans la cuve dans l'ordre préconisé par le constructeur y compris le zeste de citron râpé.
Sélectionnez le programme et choisissez la couleur de croûte désirée. Au bip, ajoutez les amandes grossièrement hachées.

Pain aux dattes et aux noix

Programme : pain normal
Pour 1 pain de : 750 g environ

- 400 g de farine blanche
- 100 g de farine complète
- 50 g de dattes coupées en morceaux
- 50 g de noix grossièrement hachées
- 3 cs de miel
- 20 g de beurre
- 300 ml d'eau
- 2 cc de levure déshydratée
- 1 cc de sel

Placez les ingrédients dans la cuve dans l'ordre préconisé par le constructeur, à l'exception des dattes et des noix.
Sélectionnez le programme et choisissez la couleur de croûte désirée.
Au bip ajoutez les dattes et les noix.

Pain aux dattes et au café

Programme : pain normal ou brioché
Pour 1 pain de : 700 g environ

- 500 g de farine T 55
- 4 cc de café soluble
- 60 g de dattes
- 2,5 cc de lait en poudre
- 300 ml d'eau
- 1,5 cc de levure déshydratée
- 30 g de sucre
- 1,5 cc de sel

Placez les ingrédients dans la cuve dans l'ordre préconisé par le constructeur.
Sélectionnez le programme et choisissez la couleur de croûte désirée. Au bip, ajoutez les dattes coupées en morceaux.

Pain noix de coco et de pécan

Programme : pain normal
Pour 1 pain de : 600 g environ

- 400 g de farine spéciale pain
- 40 g de noix de coco râpée
- 60 g de noix de pécan
- 60 ml de lait de coco
- 150 ml d'eau
- 1 cs d'huile de noisette
- 2 cc de levure boulangère spéciale pain
- 2 cc de sucre
- 1 cc de sel

Placez le lait de coco, l'eau, l'huile, le sel et le sucre au fond de la cuve. Versez par-dessus la farine puis la levure boulangère, sans que celle-ci entre en contact avec le sel. Sélectionnez le programme et choisissez la couleur de croûte désirée.
Au bip, ajoutez la noix de coco râpée et les noix de pécan concassées grossièrement.

Pain à la noix de coco

Programme : pain normal ou brioché
Pour 1 pain de : 700 g environ

- 500 g de farine blanche
- 30 g de noix de coco râpée
- 20 g de beurre
- 100 ml de lait de coco
- 210 ml d'eau
- 2 cc de levure déshydratée
- 30 g de sucre
- 1 cc de sel

Placez les ingrédients dans la cuve dans l'ordre préconisé par le constructeur.
Sélectionnez le programme et choisissez la couleur de croûte désirée.

Pain aux bananes et aux noix

Programme : pain normal
Pour 1 pain de : 700 g environ

- 400 g de farine blanche
- 100 g de farine complète
- 3 bananes bien mûres
- 80 g de noix grossièrement hachées
- 1 cs d'huile de noix
- 150 ml de lait environ
- 150 ml d'eau environ
- 2 cc de levure déshydratée
- 1 cs de sucre
- 1 cc de sel

Mixez les bananes et ajoutez de l'eau et du lait à parts égales jusqu'à obtenir 300 ml.
Placez les ingrédients dans la cuve dans l'ordre préconisé par le constructeur, à l'exception des noix.
Sélectionnez le programme et choisissez la couleur de croûte désirée.
Au bip ajoutez les noix.

Pain à la cardamome

Programme : pain normal ou brioché
Pour 1 pain de : 700 g environ

- 500 g de farine blanche
- 70 g de beurre
- 1 cc de cardamome en poudre
- 150 ml de lait
- 150 ml d'eau
- 2 cc de levure déshydratée
- 50 g de sucre semoule
- 1 cc de sel

Placez les ingrédients dans la cuve dans l'ordre préconisé par le constructeur. Sélectionnez le programme et choisissez la couleur de croûte désirée.

Pain aux pignons et aux pruneaux

Programme : pain normal
Pour 1 pain de : 700 g environ

- 400 g de farine blanche
- 100 g de farine complète
- 7 pruneaux coupés en morceaux
- 50 g de pignons de pin
- 1 cs d'huile
- 300 ml d'eau
- 2 cc de levure déshydratée
- 1 cs de sucre
- 1 cc de sel

Placez les ingrédients dans la cuve dans l'ordre préconisé par le constructeur, à l'exception des pruneaux et des pignons de pin. Sélectionnez le programme et choisissez la couleur de croûte désirée.
Au bip ajoutez les pruneaux et les pignons de pin.

Pain au rhum et aux raisins

Programme : pain normal
Pour 1 pain de : 700 g environ

- 400 g de farine blanche
- 100 g de farine complète
- 80 g de raisins secs blonds
- 3 cs de miel
- 2 cs de beurre
- 1 œuf
- 3 cs de rhum
- 300 ml d'eau environ
- 2 cc de levure déshydratée
- 1 cc de sel

L'eau, le rhum et l'œuf doivent totaliser 300 ml.
Placez les ingrédients dans la cuve dans l'ordre préconisé par le constructeur, à l'exception des raisins secs.
Sélectionnez le programme et choisissez la couleur de croûte désirée.
Au bip ajoutez les raisins secs.

Pain à la poire et au gingembre

Programme : pain normal
Pour 1 pain de : 750 g environ

- 400 g de farine blanche
- 100 g de farine complète
- 1 poire pas trop mûre coupée en cubes
- 1 cs de beurre
- 1 cc de gingembre en poudre
- 300 ml d'eau
- 2 cc de levure déshydratée
- 1 cs de sucre
- 1 cc de sel

Placez les ingrédients dans la cuve dans l'ordre préconisé par le constructeur, à l'exception de la poire. Sélectionnez le programme et choisissez la couleur de croûte désirée.
Au bip ajoutez la poire.

Pain à l'abricot

Programme : pain normal ou français
Pour 1 pain de : 700 g environ

- 500 g de farine T 55
- 60 g d'abricots séchés
- 20 g de beurre
- 2,5 cc de lait en poudre
- 300 ml de lait
- 1,5 cc de levure déshydratée
- 3 cs de sucre
- 1,5 cc de sel

Placez les ingrédients dans la cuve dans l'ordre préconisé par le constructeur.
Sélectionnez le programme et choisissez la couleur de croûte désirée.
Au bip, ajoutez les abricots coupés en morceaux.

Pain au gingembre

Programme : pain normal ou brioché
Pour 1 pain de : 700 g environ

- 500 g de farine T 55
- 2 cc de gingembre en poudre
- 1 œuf
- 2,5 cc de lait en poudre
- 300 ml d'eau
- 1,5 cc de levure déshydratée
- 30 g de sucre
- 1,5 cc de sel

Placez les ingrédients dans la cuve dans l'ordre préconisé par le constructeur.
Sélectionnez le programme et choisissez la couleur de croûte désirée.

Si vous le désirez, vous pouvez ajouter des morceaux de gingembre confit, mais veillez dans ce cas à diminuer la dose de gingembre en poudre.

Pain au gingembre et citron

Programme : pain normal ou brioché
Pour 1 pain de : 700 g environ

- 500 g de farine T 55
- 1,5 cc de gingembre en poudre
- le zeste d'1 citron
- 1 œuf
- 2,5 cc de lait en poudre
- 300 ml d'eau
- 1,5 cc de levure déshydratée
- 40 g de sucre
- 1,5 cc de sel

Cassez les œufs dans un verre mesureur et complétez avec l'eau jusqu'à 300 ml.
Placez les ingrédients dans la cuve dans l'ordre préconisé par le constructeur. Sélectionnez le programme et choisissez la couleur de croûte désirée.

Vous pouvez, si vous le désirez, ajouter des morceaux de gingembre confit ou de citron confit.

Pain à la mangue et aux bananes

Programme : pain normal
Pour 1 pain de : 800 g environ

- 500 g de farine blanche
- 2 bananes bien mûres
- 80 g de mangue coupée en morceaux
- 2 cs de beurre
- 300 ml d'eau environ
- 2 cc de levure déshydratée
- 1 cc de sel

Mixez les bananes et ajoutez de l'eau jusqu'à obtenir 300 ml.
Placez les ingrédients dans la cuve dans l'ordre préconisé par le constructeur, à l'exception de la mangue. Sélectionnez le programme et choisissez la couleur de croûte désirée.
Au bip ajoutez la mangue.

Pain à la mangue et noix de coco

Programme : pain normal ou brioché
Pour 1 pain de : 700 g environ

- 500 g de farine T 55
- 25 g de noix de coco râpée
- 25 g de mangue séchée
- 2,5 cc de lait en poudre
- 120 ml de lait de coco
- 180 ml d'eau
- 1,5 cc de levure déshydratée
- 2 cs de sucre
- 1,5 cc de sel

Placez les ingrédients dans la cuve dans l'ordre préconisé par le constructeur.
Sélectionnez le programme et choisissez la couleur de croûte désirée.
Au bip, ajoutez les morceaux de mangue et la noix de coco râpée.

Pain au thé et aux raisins

Programme : pain normal
Pour 1 pain de : 750 g environ

- 500 g de farine blanche
- 80 g de raisins secs blonds
- 1 sachet de thé
- 4 cs de miel
- 20 g de beurre
- 300 ml d'eau
- 2 cc de levure déshydratée
- 1 cc de sel

Faites chauffer les 300 ml d'eau et faites-y infuser le thé qui doit être très fort, laissez refroidir.
Placez les ingrédients dans la cuve dans l'ordre préconisé par le constructeur, à l'exception des raisins secs.
Sélectionnez le programme et choisissez la couleur de croûte désirée.
Au bip ajoutez les raisins secs.

Pain exotique

Programme : pain normal ou brioché
Pour 1 pain de : 700 g environ

- 500 g de farine T 55
- 50 g de mélange de fruits exotiques
- 20 g de beurre
- 125 ml de lait de coco
- 175 ml d'eau
- 1,5 cc de levure déshydratée
- 50 g de sucre
- 1,5 cc de sel

Placez les ingrédients dans la cuve dans l'ordre préconisé par le constructeur.
Sélectionnez le programme et choisissez la couleur de croûte désirée.
Au bip, ajoutez le mélange de fruits exotiques.

Pain aux abricots et noisettes

Programme : pain normal ou français
Pour 1 pain de : 700 g environ

- 500 g de farine T 55
- 35 g d'abricots secs
- 25 g de noisettes
- 2,5 cc de lait en poudre
- 1,5 cs d'huile de noisette
- 285 ml d'eau
- 1,5 cc de levure déshydratée
- 2 cs de sucre
- 1,5 cc de sel

Placez les ingrédients dans la cuve dans l'ordre préconisé par le constructeur.
Sélectionnez le programme et choisissez la couleur de croûte désirée.
Au bip, ajoutez les noisettes grossièrement hachées et les abricots coupés en morceaux.

Pain aux pistaches, noix et café

Programme : pain normal ou brioché
Pour 1 pain de : 750 g environ

- 500 g de farine T 55
- 60 g de pistaches + noix
- 40 g de beurre
- 2 cc de café soluble
- 1 œuf
- 300 ml de lait
- 1,5 cc de levure déshydratée
- 35 g de sucre
- 1,5 cc de sel

Battez l'œuf dans un verre mesureur et complétez avec le lait pour obtenir 300 ml. Placez les ingrédients dans la cuve dans l'ordre préconisé par le constructeur. Sélectionnez le programme et choisissez la couleur de croûte désirée. Au bip, ajoutez les pistaches et noix grossièrement hachées.

Le café soluble peut-être remplacé par quelques gouttes d'extrait de café.

Pain au sirop d'érable et noix de pécan

Programme : pain normal ou brioché
Pour 1 pain de : 700 g environ

- 350 g de farine T 55
- 150 g de farine de blé complet
- 50 g de noix de pécan
- 20 g de beurre
- 2,5 cc de lait en poudre
- 3 cs de sirop d'érable
- 290 ml d'eau
- 1,5 cc de levure déshydratée
- 1,5 cc de sel

Placez les ingrédients dans la cuve dans l'ordre préconisé par le constructeur.
Sélectionnez le programme et choisissez la couleur de croûte désirée.
Au bip, ajoutez les noix de pécan grossièrement hachées.

Pain au beurre de cacahouète et noix de cajou

Programme : pain normal ou brioché
Pour 1 pain de : 750 g environ

- 500 g de farine T 55
- 50 g de noix de cajou
- 40 g de beurre de cacahouètes
- 2,5 cc de lait en poudre
- 300 ml d'eau
- 1,5 cc de levure déshydratée
- 30 g de sucre
- 1,5 cc de sel

Placez les ingrédients dans la cuve dans l'ordre préconisé par le constructeur.
Sélectionnez le programme et choisissez la couleur de croûte désirée.
Au bip, ajoutez les noix de cajou grossièrement hachées.

Pain aux pommes

Programme : pain normal ou français
Pour 1 pain de : 700 g environ

- 500 g de farine T 55
- 50 g de pommes déshydratées
- 20 g de beurre
- 2,5 cc de lait en poudre
- 150 ml de jus de pomme
- 150 ml d'eau
- 1,5 cc de levure déshydratée
- 2,5 cc de sucre
- 1,5 cc de sel

Placez les ingrédients dans la cuve dans l'ordre préconisé par le constructeur. Sélectionnez le programme et choisissez la couleur de croûte désirée.
Au bip, ajoutez les pommes coupées en morceaux.

Attention, si vous utilisez des pommes fraîches, diminuez la quantité d'eau et vérifiez la consistance de la pâte.

Pain aux pommes et noix

Programme : pain normal ou français
Pour 1 pain de : 700 g environ

- 500 g de farine T 55
- 25 g de pommes déshydratées
- 25 g de noix
- 2,5 cc de lait en poudre
- 1,5 cs d'huile de noix
- 95 ml de jus de pomme
- 190 ml d'eau
- 1,5 cc de levure déshydratée
- 2 cs de sucre
- 1,5 cc de sel

Placez les ingrédients dans la cuve dans l'ordre préconisé par le constructeur.
Sélectionnez le programme et choisissez la couleur de croûte désirée.
Au bip, ajoutez les noix grossièrement hachées et les pommes coupées en morceaux.

Pain Bounty

Programme : pain normal ou brioché
Pour 1 pain de : 750 g environ

- 500 g de farine T 55
- 30 g de noix de coco râpée
- 30 g de pépites de chocolat
- 1,5 cs de chocolat en poudre
- 40 g de beurre
- 120 ml de lait de coco
- 180 ml d'eau
- 1,5 cc de levure déshydratée
- 40 g de sucre
- 1,5 cc de sel

Placez les ingrédients dans la cuve dans l'ordre préconisé par le constructeur.
Sélectionnez le programme et choisissez la couleur de croûte désirée.
Au bip, ajoutez les pépites de chocolat.

Pain cappuccino

Programme : pain normal ou brioché
Pour 1 pain de : 750 g environ

- 500 g de farine T 55
- 1,5 cs de café instantané
- 2 cs de chocolat en poudre
- 40 g de beurre
- 1 œuf
- 80 ml de crème fraîche
- 80 ml de lait
- 140 ml d'eau
- 1,5 cc de levure déshydratée
- 40 g de sucre
- 1,5 cc de sel

Cassez l'œuf dans un verre mesureur et complétez avec le lait, la crème et l'eau, jusqu'à 300 ml.
Placez les ingrédients dans la cuve dans l'ordre préconisé par le constructeur. Sélectionnez le programme et choisissez la couleur de croûte désirée.

Au bip, vous pouvez ajouter des pépites de chocolat.

Pain à la verveine

Programme : pain normal
Pour 1 pain de : 550 g environ

- 400 g de farine spéciale pain
- 2 sachets d'infusion de verveine ou 1 poignée de feuilles
- 240 ml d'eau
- 1 cs d'huile
- 2 cc de levure boulangère spéciale pain
- 1 cs de sucre
- 1 cc de sel

Faites chauffer l'eau et faites-y infuser longuement la verveine. Placez l'infusion de verveine, l'huile, le sel et le sucre au fond de la cuve. Versez par-dessus la farine puis la levure boulangère, sans que celle-ci entre en contact avec le sel. Sélectionnez le programme et choisissez la couleur de croûte désirée.

Pain fleuri

Programme : pain normal
Pour 1 pain de : 550 g environ

- 400 g de farine spéciale pain
- 20 g de fleurs séchées
- 240 ml d'eau
- 1 cs d'huile
- 2 cc de levure boulangère spéciale pain
- 1 cs de sucre
- 1 cc de sel

Placez l'eau, l'huile, le sel et le sucre au fond de la cuve. Versez par-dessus la farine puis la levure boulangère, sans que celle-ci entre en contact avec le sel.
Sélectionnez le programme et choisissez la couleur de croûte désirée.
Au bip, ajoutez les fleurs séchées.

On trouve chez les herboristes des mélanges de fleurs comestibles à utiliser pour des infusions ou d'autres préparations.

Pain normand

Programme : pain normal ou brioché
Pour 1 pain de : 750 g environ

- 500 g de farine blanche
- 1 pomme coupée en morceaux
- 280 ml de cidre éventé
- 20 g de beurre
- 2 cc de levure déshydratée
- 2 cs de sucre
- 1 cc de sel

Placez les ingrédients dans la cuve dans l'ordre préconisé par le constructeur, à l'exception de la pomme.
Sélectionnez le programme et choisissez la couleur de croûte désirée.
Au bip ajoutez la pomme en morceaux.

Pain piñacolada

Programme : pain normal ou brioché
Pour 1 pain de : 700 g environ

- 500 g de farine T 55
- 60 g d'ananas déshydraté
- 25 g de beurre
- 1 cs de lait en poudre
- 1 cs de rhum
- 300 ml d'eau
- 1,5 cc de levure déshydratée
- 3 cs de sucre
- 1,5 cc de sel

Placez les ingrédients dans la cuve dans l'ordre préconisé par le constructeur. Sélectionnez le programme et choisissez la couleur de croûte désirée.
Au bip, ajoutez l'ananas coupé en morceaux.

Attention, si vous choisissez d'utiliser de l'ananas en boîte ou frais veillez à diminuer la quantité d'eau.

Pain à l'orange

Programme : pain normal ou brioché
Pour 1 pain de : 650 g environ

- 500 g de farine T 55
- le zeste râpé d'1 orange
- 20 g de beurre
- 1,5 cs de lait en poudre
- le jus d'1 orange 1/2
- 300 ml d'eau
- 1,5 cc de levure déshydratée
- 30 g de sucre
- 1,5 cc de sel

Versez le jus d'orange dans un verre mesureur, complétez d'eau jusqu'à 300 ml.
Placez les ingrédients dans la cuve dans l'ordre préconisé par le constructeur. Sélectionnez le programme et choisissez la couleur de croûte désirée.

Au bip, vous pouvez ajouter à votre convenance des morceaux d'oranges confites.

Pain aux marrons

Programme : pain normal ou brioché
Pour 1 pain de : 750 g environ

- 500 g de farine T 55
- 50 g de crème de marron
- 40 g de beurre
- 60 g de marrons cuits
- 1 œuf
- 300 ml de lait
- 1,5 cc de levure déshydratée
- 2,5 cc de sucre
- 1,5 cc de sel

Battez l'œuf dans un verre mesureur et complétez de lait jusqu'à 300 ml.
Placez les ingrédients dans la cuve dans l'ordre préconisé par le constructeur.
Sélectionnez le programme et choisissez la couleur de croûte désirée.
Au bip, ajoutez les marrons cuits coupés en gros morceaux.

Pain aux deux chocolats

Programme : pain normal ou brioché
Pour 1 pain de : 750 g environ

- 500 g de farine T 55
- 40 g de pépites de chocolat noir
- 40 g de pépites de chocolat blanc
- 30 g de beurre
- 120 ml de lait
- 180 ml d'eau
- 1,5 cc de levure déshydratée
- 40 g de sucre
- 1,5 cc de sel

Placez les ingrédients dans la cuve dans l'ordre préconisé par le constructeur.
Sélectionnez le programme et choisissez la couleur de croûte désirée.
Au bip, ajoutez les pépites de chocolat. Vous pouvez remplacer les pépites par du chocolat coupé en morceaux.

Pain au café et au chocolat

Programme : pain normal ou brioché
Pour 1 pain de : 750 g environ

- 500 g de farine T 55
- 40 g de pépites de chocolat
- 1,5 cs de chocolat en poudre
- 30 g de beurre
- 70 ml de café expresso tiède
- 230 ml d'eau
- 1,5 cc de levure déshydratée
- 30 g de sucre
- 1,5 cc de sel

Préparez le café avant, afin qu'il soit tiède au moment de le mettre dans la cuve.
Placez les ingrédients dans la cuve dans l'ordre préconisé par le constructeur. Sélectionnez le programme et choisissez la couleur de croûte désirée.
Au bip, ajoutez les pépites de chocolat. Vous pouvez remplacer les pépites par du chocolat coupé en morceaux.

Pain au chocolat et à l'orange

Programme : pain normal ou brioché
Pour 1 pain de : 750 g environ

- 500 g de farine T 55
- 40 g de pépites de chocolat
- 1,5 cs de chocolat en poudre
- le zeste d'1 orange 1/2
- 40 g de beurre
- le jus de deux oranges
- 300 ml d'eau
- 1,5 cc de levure déshydratée
- 40 g de sucre
- 1,5 cc de sel

Ajoutez de l'eau au jus d'orange jusqu'à 300 ml.
Placez les ingrédients dans la cuve dans l'ordre préconisé par le constructeur. Sélectionnez le programme et choisissez la couleur de croûte désirée.
Au bip, ajoutez les pépites de chocolat. Vous pouvez les remplacer par des morceaux de chocolat.
Au bip, vous pouvez aussi ajouter, à votre convenance, des zestes d'orange confits.

Pain au chocolat et au Bailey's

Programme : pain normal ou brioché
Pour 1 pain de : 700 g environ

- 500 g de farine T 55
- 3 cs de Bailey's
- 1,5 cs de chocolat en poudre
- 1 œuf
- 40 g de beurre
- 60 ml de crème fraîche
- 60 ml de lait
- 150 ml d'eau
- 1,5 cc de levure déshydratée
- 40 g de sucre
- 1,5 cc de sel

Cassez l'œuf dans le verre mesureur et complétez avec le lait, la crème et l'eau jusqu'à obtenir 300 ml. Placez les ingrédients dans la cuve dans l'ordre préconisé par le constructeur. Sélectionnez le programme et choisissez la couleur de croûte désirée.

Vous pouvez aussi ajouter des pépites de chocolat.

Pain au chocolat blanc et aux framboises

Programme : pain normal ou brioché
Pour 1 pain de : 750 g environ

- 500 g de farine T 55
- 40 g de framboises
- 40 g de chocolat blanc
- 1 œuf
- 40 g de beurre
- 60 ml de crème fraîche
- 60 ml de lait
- 160 ml d'eau
- 1,5 cc de levure déshydratée
- 40 g de sucre
- 1,5 cc de sel

Cassez l'œuf dans un verre mesureur et complétez avec le lait, la crème et l'eau jusqu'à obtenir 300 ml.
Placez les ingrédients dans la cuve dans l'ordre préconisé par le constructeur. Sélectionnez le programme et choisissez la couleur de croûte désirée.
Au bip, ajoutez les framboises et les morceaux de chocolat blanc.

Pain au chocolat praliné

Programme : pain normal ou brioché
Pour 1 pain de : 750 g environ

- 500 g de farine T 55
- 30 g de pralin
- 40 g de pépites de pralinoise
- 1,5 cs de chocolat en poudre
- 1 œuf
- 40 g de beurre
- 60 ml de crème fraîche
- 60 ml de lait
- 180 ml d'eau
- 1,5 cc de levure déshydratée
- 40 g de sucre
- 1,5 cc de sel

Cassez l'œuf dans un verre mesureur et complétez avec le lait, la crème et l'eau, jusqu'à obtenir 300 ml.
Placez les ingrédients dans la cuve dans l'ordre préconisé par le constructeur. Sélectionnez le programme et choisissez la couleur de croûte désirée.
Au bip, ajoutez le pralin et les pépites de pralinoise.

Vous pouvez aussi ajouter du chocolat coupé en morceaux.

Pain brioché

Programme : pain normal ou brioché
Pour 1 pain de : 850 g environ

- 500 g de farine blanche
- 80 g de beurre
- 2 œufs + 2 jaunes
- 300 ml de lait tiède environ
- 2 cc de levure instantanée
- 50 g de sucre
- 1 cc de sel

Dans un verre mesureur mettez les 2 œufs et les 2 jaunes et ajoutez du lait jusqu'à obtenir 300 ml. Placez les ingrédients dans la cuve dans l'ordre préconisé par le constructeur. Sélectionnez le programme et choisissez la couleur de croûte claire.

Pain brioché aux raisins secs

Programme : pain normal ou brioché
Pour 1 pain de : 750 g environ

- 500 g de farine T 55
- 60 g de raisins secs
- 2 œufs
- 75 g de beurre
- 300 ml d'eau
- 2 cc de levure déshydratée
- 20 g de sucre
- 1,5 cc de sel

Cassez les œufs dans un verre mesureur et complétez d'eau jusqu'à 300 ml.
Placez tous les ingrédients dans la cuve dans l'ordre préconisé par le constructeur.
Sélectionnez le programme et choisissez la couleur de croûte désirée.
Au bip, ajoutez les raisins secs.

Pain brioché léger

Programme : pain brioché
Pour 1 pain de : 800 g environ

- 500 g de farine spéciale pain au lait ou brioché
- 55 g de beurre
- 95 g de lait en poudre
- 290 ml d'eau
- 2 cc de levure boulangère spéciale pain
- 20 g de sucre
- 1 cc de sel

Placez l'eau, le beurre fondu, le lait en poudre, le sel et le sucre au fond de la cuve.
Versez par-dessus la farine puis la levure boulangère, sans que celle-ci entre en contact avec le sel.
Sélectionnez le programme et choisissez la couleur de croûte désirée.

Pain brioché aux fruits secs

Programme : pain normal ou brioché
Pour 1 pain de : 900 g environ

- 500 g de farine blanche
- 90 g de noix, amandes et noisettes grossièrement hachées
- 80 g de beurre
- 2 œufs + 2 jaunes
- 300 ml de lait environ
- 2 cc de levure instantanée
- 50 g de sucre
- 1 cc de sel

Dans un verre mesureur mettez les 2 œufs et les jaunes, ajoutez du lait jusqu'à obtenir 300 ml.
Placez les ingrédients dans la cuve dans l'ordre préconisé par le constructeur, à l'exception des fruits secs.
Sélectionnez le programme et choisissez la couleur de croûte claire.
Au bip ajoutez les fruits secs.

Pain brioché aux flocons d'avoine

Programme : pain brioché
Pour 1 pain de : 650 g environ

- 400 g de farine spéciale pain au lait ou brioché
- 70 g de flocons d'avoine
- 40 g de beurre
- 120 ml de lait
- 120 ml d'eau
- 2 cc de levure boulangère spéciale pain
- 1 cs de sucre
- 1 cc de sel

Placez le lait, l'eau, le beurre fondu, le sel et le sucre au fond de la cuve. Versez par-dessus la farine puis la levure boulangère, sans que celle-ci entre en contact avec le sel.
Sélectionnez le programme et choisissez la couleur de croûte désirée.
Au bip, ajoutez les flocons d'avoine.

Pain brioché au chocolat

Programme : pain normal ou brioché
Pour 1 pain de : 900 g environ

- 500 g de farine blanche
- 90 g de pépites de chocolat préalablement placées au congélateur
- 1 cs de cacao en poudre
- 80 g de beurre
- 2 œufs + 2 jaunes
- 300 ml de lait tiède environ
- 2 cc de levure instantanée
- 50 g de sucre
- 1 cc de sel

Dans un verre mesureur mettez les 2 œufs et les 2 jaunes et ajoutez du lait jusqu'à obtenir 300 ml. Placez les ingrédients dans la cuve dans l'ordre préconisé par le constructeur, à l'exception des pépites de chocolat. Sélectionnez le programme et choisissez la couleur de croûte claire.
10 minutes avant la fin du pétrissage ajoutez les pépites de chocolat congelées.

Pain brioché au citron

Programme : pain normal ou brioché
Pour 1 pain de : 900 g environ

- 500 g de farine blanche
- le zeste d'un citron non traité
- 1 cc d'extrait de citron
- 80 g de beurre
- 2 œufs + 2 jaunes
- 300 ml de lait tiède environ
- 2 cc de levure instantanée
- 50 g de sucre
- 1 cc de sel

Dans un verre mesureur mettez les 2 œufs et les 2 jaunes et ajoutez du lait jusqu'à obtenir 300 ml.
Placez les ingrédients dans la cuve dans l'ordre préconisé par le constructeur.
Sélectionnez le programme et choisissez la couleur de croûte claire.

Pain brioché des îles

Programme : pain normal ou brioché
Pour 1 pain de : 900 g environ

- 500 g de farine blanche
- 80 g de mélange de fruits exotiques secs (ananas, papaye, noix de coco...)
- 80 g de beurre
- 2 œufs + 2 jaunes
- 300 ml de lait tiède environ
- 1 cs de rhum
- 2 cc de levure instantanée
- 50 g de sucre
- 1 cc de sel

Dans un verre mesureur mettez les 2 œufs et les 2 jaunes et ajoutez du lait jusqu'à obtenir 300 ml. Placez les ingrédients dans la cuve dans l'ordre préconisé par le constructeur, à l'exception des fruits exotiques.
Sélectionnez le programme et choisissez la couleur de croûte claire.
Au bip ajoutez les fruits exotiques.

Pain brioché aux figues et à la vanille

Programme : pain normal ou brioché
Pour 1 pain de : 850 g environ

- 500 g de farine blanche
- 90 g de figues sèches coupées en morceaux
- 80 g de beurre
- 2 œufs + 2 jaunes
- 2 sachets de sucre vanillé
- 1 cc d'extrait de vanille en poudre ou liquide
- 300 ml de lait tiède environ
- 2 cc de levure instantanée
- 40 g de sucre
- 1 cc de sel

Dans un verre mesureur mettez les 2 œufs et les 2 jaunes et ajoutez du lait jusqu'à obtenir 300 ml. Placez les ingrédients dans la cuve dans l'ordre préconisé par le constructeur, à l'exception des figues. Sélectionnez le programme et choisissez la couleur de croûte claire.
Au bip ajoutez les figues.

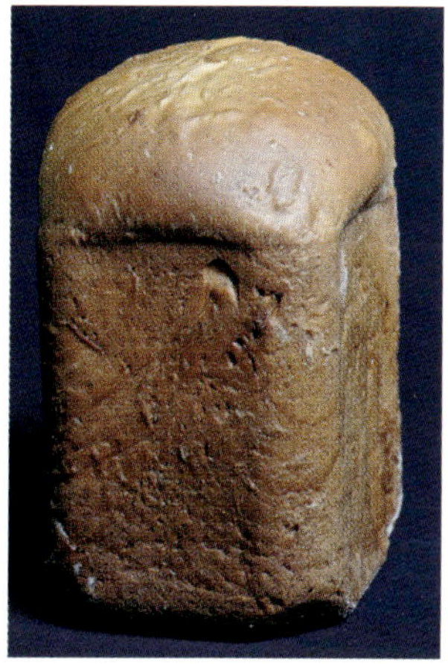

Pain brioché au miel

Programme : pain normal ou brioché
Pour 1 pain de : 650 g environ

- 500 g de farine blanche
- 80 g de beurre
- 2 œufs + 2 jaunes
- 4 cs de miel liquide
- 300 ml de lait tiède environ
- 2 cc de levure instantanée
- 50 g de sucre
- 1 cc de sel

Dans un verre mesureur mettez les 2 œufs et les 2 jaunes et ajoutez du lait jusqu'à obtenir 300 ml. Placez les ingrédients dans la cuve dans l'ordre préconisé par le constructeur. Sélectionnez le programme et choisissez la couleur de croûte claire.

Pain viennois

Programme : pain normal ou brioché
Pour 1 pain de : 700 g environ

- 500 g de farine T 55
- 60 g de beurre
- 300 ml de lait
- 2 cc de levure déshydratée
- 20 g de sucre
- 1,5 cc de sel

Placez tous les ingrédients dans la cuve dans l'ordre préconisé par le constructeur.
Sélectionnez le programme et choisissez la couleur de croûte désirée.

Vous pouvez aromatiser ce pain avec de la vanille en poudre, des zestes d'orange ou de citron râpés.

Brioche

Programme : pain normal ou brioché
Pour 1 brioche de : 500 g environ

- 400 g de farine T 55
- 1 œuf
- 140 g de beurre
- 100 ml de lait
- 1,5 cc de levure déshydratée
- 40 g de sucre
- 1 cc de sel

Battez l'œuf dans un verre mesureur et compléter de lait jusqu'à 100 ml.
Placez tous les ingrédients dans la cuve dans l'ordre préconisé par le constructeur. Sélectionnez le programme et choisissez la couleur de croûte désirée.

Si vous n'avez pas de programme brioché, je vous conseille d'arrêter la cuisson 20 minutes avant la fin du programme normal.

Brioche aux bananes et au chocolat

Programme : pain normal ou brioché
Pour 1 brioche de : 950 g environ

- 500 g de farine blanche
- 3 bananes séchées coupées en morceaux
- 70 g de pépites de chocolat préalablement placées au congélateur
- 120 g de beurre
- 3 œufs
- 300 ml de lait tiède environ
- 2 cc de levure instantanée
- 60 g de sucre
- 1 cc de sel

Dans un verre mesureur mettez les œufs et ajoutez du lait jusqu'à obtenir 300 ml. Placez les ingrédients dans la cuve dans l'ordre préconisé par le constructeur, à l'exception des bananes et des pépites de chocolat. Sélectionnez le programme et choisissez la couleur de croûte claire. Au bip ajoutez les bananes séchées et les pépites de chocolat congelées.

Brioche caramel et beurre salé

Programme : pain brioché
Pour 1 brioche de : 800 g environ

- 400 g de farine spéciale pain
- 90 g de caramel dur
- 75 g de beurre demi-sel
- 3 œufs
- 120 ml de lait
- 2 cc de levure boulangère spéciale pain
- 40 g de sucre
- 1 cc de sel

Placez le lait, les œufs battus, le beurre fondu, le sel et le sucre au fond de la cuve. Versez par-dessus la farine puis la levure boulangère, sans que celle-ci entre en contact avec le sel. Sélectionnez le programme et choisissez la couleur de croûte désirée.
Au bip, ajoutez le caramel coupé en morceaux.

Brioche cidre et noisettes

Programme : pain brioché
Pour 1 brioche de : 600 g environ

- 400 g de farine spéciale pain au lait ou brioché
- 40 g de noisettes
- 20 g de beurre
- 240 ml de cidre éventé
- 1,5 cc de levure boulangère spéciale pain
- 1 cs de sucre
- 1 cc de sel

Placez le cidre, le beurre fondu, le sel et le sucre au fond de la cuve. Versez par-dessus la farine puis la levure boulangère, sans que celle-ci entre en contact avec le sel.
Sélectionnez le programme et choisissez la couleur de croûte désirée.
Au bip, ajoutez les noisettes hachées grossièrement.

Brioche amandes et noisettes

Programme : pain brioché
Pour 1 brioche de : 700 g environ

- 400 g de farine spéciale pain au lait ou brioché
- 50 g de noisettes
- 40 g d'amandes effilées
- 70 g de beurre
- 240 ml de lait
- 1,5 cc de levure boulangère spéciale pain
- 30 g de sucre
- 1 cc de sel

Placez le lait, le beurre fondu, le sel et le sucre au fond de la cuve. Versez par-dessus la farine puis la levure boulangère, sans que celle-ci entre en contact avec le sel.
Sélectionnez le programme et choisissez la couleur de croûte désirée.
Au bip, ajoutez les amandes et les noisettes hachées grossièrement.

Brioche à la vanille des îles

Programme : pain brioché
Pour 1 brioche de : 650 g environ

- 200 ■ 400 g de farine spéciale pain au lait ou brioché
- 70 ■ 70 g de beurre
- 2 ■ 2 cc de vanille en poudre
- 1 ■ 1 sachet de sucre vanillé
- 120 ■ 240 ml de lait
- 1,5 ■ 1,5 cc de levure boulangère spéciale pain
- 20 ■ 40 g de sucre
- 1 cc. ■ 1 cc de sel

Placez le lait, le beurre fondu, le sel, le sucre, la vanille et le sucre vanillé au fond de la cuve. Versez par-dessus la farine puis la levure boulangère, sans que celle-ci entre en contact avec le sel. Sélectionnez le programme et choisissez la couleur de croûte désirée.

31/05/2013

BRIOCHE

- 100g de beurre en petits morceaux
- 175ml de lait froids
- 1 oeuf

2 cuillerées à soupe de sucre

- 350 g de farine
- un peu de sel
- un sachet de levure boulangè

Brioche choco-coco

Programme : pain brioché
Pour 1 brioche de : 750 g environ

- 400 g de farine spéciale pain au lait ou brioché
- 70 g de pépites de chocolat
- 40 g de noix de coco râpée
- 70 g de beurre
- 240 ml de lait
- 1,5 cc de levure boulangère spéciale pain
- 40 g de sucre
- 1 cc de sel

Placez le lait, le beurre fondu, le sel et le sucre au fond de la cuve. Versez par-dessus la farine puis la levure boulangère, sans que celle-ci entre en contact avec le sel. Sélectionnez le programme et choisissez la couleur de croûte désirée.
Au bip, ajoutez les pépites de chocolat et la noix de coco râpée.

Si vous souhaitez que les pépites restent entières, placez-les quelques heures au congélateur avant de les ajouter au pain.

Brioche aux raisins

Programme : pain brioché
Pour 1 brioche de : 850 g environ

- 500 g de farine spéciale pain au lait ou brioché
- 80 g de raisins secs
- 80 g de beurre
- 300 ml de lait
- 2 cc de levure boulangère spéciale pain
- 50 g de sucre
- 1 cc de sel

Placez le lait, le beurre fondu, le sel et le sucre au fond de la cuve. Versez par-dessus la farine puis la levure boulangère, sans que celle-ci entre en contact avec le sel.
Sélectionnez le programme et choisissez la couleur de croûte désirée.
Au bip, ajoutez les raisins secs.

Brioche amandes et miel

Programme : pain brioché
Pour 1 brioche de : 700 g environ

- 400 g de farine spéciale pain au lait ou brioché
- 50 g d'amandes effilées
- 70 g de beurre
- 240 ml de lait
- 1,5 cc de levure boulangère spéciale pain
- 40 g de miel
- 1 cc de sel

Placez le lait, le beurre fondu, le sel et le miel au fond de la cuve. Versez par-dessus la farine puis la levure boulangère, sans que celle-ci entre en contact avec le sel.
Sélectionnez le programme et choisissez la couleur de croûte désirée.
Au bip, ajoutez les amandes.

Brioche au gingembre confit

Programme : pain brioché
Pour 1 brioche de : 850 g environ

- 500 g de farine spéciale pain au lait ou brioché
- 60 g de gingembre confit
- 80 g de beurre
- 300 ml de lait
- 2 cc de levure boulangère spéciale pain
- 50 g de sucre
- 1 cc de sel

Placez le lait, le beurre fondu, le sel et le sucre au fond de la cuve. Versez par-dessus la farine puis la levure boulangère, sans que celle-ci entre en contact avec le sel.
Sélectionnez le programme et choisissez la couleur de croûte désirée.
Au bip, ajoutez le gingembre confit coupé en petits dés.

Brioche carotte, érable et noix de pécan

Programme : pain brioché
Pour 1 brioche de : 950 g environ

- 500 g de farine spéciale pain au lait ou brioché
- 200 g de carottes
- 50 g de noix de pécan
- 80 g de beurre
- 100 ml de lait
- 6 cs de sirop d'érable
- 2 cc de levure boulangère spéciale pain
- 40 g de sucre
- 1,5 cc de sel

Épluchez les carottes et râpez-les. Placez le lait, le beurre fondu, le sel, le sucre, le sirop d'érable et les carottes râpées au fond de la cuve. Versez par-dessus la farine puis la levure boulangère, sans que celle-ci entre en contact avec le sel. Sélectionnez le programme et choisissez la couleur de croûte désirée.
Au bip, ajoutez les noix de pécan hachées grossièrement.

Brioche aux cacahouètes caramélisées

Programme : pain brioché
Pour 1 brioche de : 700 g environ

- 400 g de farine spéciale pain au lait ou brioché
- 80 g de cacahouètes caramélisées (chouchou)
- 1 œuf
- 70 g de beurre
- 180 ml de lait
- 2 cc de levure boulangère spéciale pain
- 3 cs de sucre
- 1 cc de sel

Placez le lait, l'œuf battu, le beurre fondu, le sel et le sucre au fond de la cuve. Versez par-dessus la farine puis la levure boulangère, sans que celle-ci entre en contact avec le sel. Sélectionnez le programme et choisissez la couleur de croûte désirée.
Au bip, ajoutez les cacahouètes caramélisées.

Brioche aux amandes enrobées de chocolat

Programme : pain brioché
Pour 1 brioche de : 700 g environ

- 400 g de farine spéciale pain au lait ou brioché
- 80 g d'amandes enrobées de chocolat
- 1 œuf
- 80 g de beurre
- 160 ml de lait
- 2 cc de levure boulangère spéciale pain
- 3 cs de sucre
- 1 cc de sel

Placez le lait, l'œuf battu, le beurre fondu, le sel et le sucre au fond de la cuve. Versez pardessus la farine puis la levure boulangère, sans que celle-ci entre en contact avec le sel. Sélectionnez le programme et choisissez la couleur de croûte désirée.
Au bip, ajoutez les amandes enrobées de chocolat.
Juste avant le début de la cuisson, vous pouvez décorer le dessus du pain d'amandes enrobées de chocolat.

Brioche citron et lavande

Programme : pain brioché
Pour 1 brioche de : 700 g environ

- 400 g de farine spéciale pain au lait ou brioché
- 70 g de beurre
- 1 citron non traité
- 3 cs de fleurs de lavande séchées
- 240 ml de lait
- 1,5 cc de levure boulangère spéciale pain
- 50 g de sucre
- 1 cc de sel

Placez le lait, le beurre fondu, le sel, le sucre, la lavande, le jus du citron et son zeste émincé au fond de la cuve. Versez par-dessus la farine puis la levure boulangère, sans que celle-ci entre en contact avec le sel. Sélectionnez le programme et choisissez la couleur de croûte désirée.

Brioche au citron vert

Programme : pain brioché
Pour 1 brioche de : 600 g environ

- 400 g de farine spéciale pain au lait ou brioché
- le zeste d'1 citron vert non traité
- 75 g de beurre
- 200 ml d'eau
- 2 cc de levure boulangère spéciale pain
- 2 cs de sucre
- 1 cc de sel

Placez l'eau et le beurre fondu au fond de la cuve. Versez par-dessus la farine puis la levure boulangère, sans que celle-ci entre en contact avec le sel. Sélectionnez le programme et choisissez la couleur de croûte désirée.
Au bip, ajoutez le zeste de citron émincé.

Brioche à la fleur d'oranger

Programme : pain normal ou brioché
Pour 1 brioche de : 900 g environ

- 500 g de farine blanche
- 30 g d'écorces d'oranges confites coupées en morceaux
- 120 g de beurre
- 3 œufs
- 300 ml de lait tiède environ
- 1 cs de fleur d'oranger
- 2 cc de levure instantanée
- 60 g de sucre
- 1 cc de sel

Dans un verre mesureur mettez les œufs, la fleur d'oranger et ajoutez du lait jusqu'à obtenir 300 ml.
Placez les ingrédients dans la cuve dans l'ordre préconisé par le constructeur, à l'exception des écorces d'oranges confites.
Sélectionnez le programme et choisissez la couleur de croûte claire.
Au bip ajoutez les écorces d'oranges confites.

Brioche aux zestes d'agrumes

Programme : pain normal ou brioché
Pour 1 brioche de : 900 g environ

- 500 g de farine blanche
- le zeste d'1/2 citron non traité
- le zeste d'1/2 orange non traitée
- 120 g de beurre
- 3 œufs
- 300 ml de lait tiède
- 2 cc de levure instantanée
- 60 g de sucre
- 1 cc de sel

Dans un verre mesureur mettez les œufs et ajoutez du lait jusqu'à obtenir 300 ml. Placez les ingrédients dans la cuve dans l'ordre préconisé par le constructeur. Sélectionnez le programme et choisissez la couleur de croûte claire.

Brioche japonaise

Programme : pain brioché
Pour 1 brioche de : 550 g environ

- 300 g de farine spéciale pain au lait ou brioché
- 100 g de farine de haricot rouge
- 15 g de beurre
- 240 ml d'eau
- 2 cc de levure boulangère spéciale pain
- 1 cs de sucre
- 1 cc de sel

Placez l'eau, le beurre fondu, le sel et le sucre au fond de la cuve. Versez par-dessus les farines puis la levure boulangère, sans que celle-ci entre en contact avec le sel. Sélectionnez le programme et choisissez la couleur de croûte désirée.

Brioche ananas et noix de coco

Programme : pain brioché
Pour 1 brioche de : 700 g environ

- 400 g de farine spéciale pain au lait ou brioché
- 50 g d'ananas
- 35 g de noix de coco râpée
- 75 g de beurre
- 200 ml d'eau
- 2 cc de levure boulangère spéciale pain
- 40 g de sucre
- 1 cc de sel

Placez l'eau, le beurre fondu, le sel et le sucre au fond de la cuve. Versez par-dessus la farine puis la levure boulangère, sans que celle-ci entre en contact avec le sel.
Sélectionnez le programme et choisissez la couleur de croûte désirée.
Au bip, ajoutez l'ananas coupé en morceaux et la noix de coco râpée.

Brioche cannelle et noix de muscade

Programme : pain brioché
Pour 1 brioche de : 650 g environ

- 400 g de farine spéciale pain au lait ou brioché
- 60 g de beurre
- 1 œuf
- 1 cs de cannelle moulue
- 1 cs de muscade moulue
- 210 ml d'eau
- 2 cc de levure boulangère spéciale pain
- 20 g de sucre
- 1 cc de sel

Placez l'eau, l'œuf battu, le beurre fondu, le sel, le sucre et les épices au fond de la cuve.
Versez par-dessus la farine puis la levure boulangère, sans que celle-ci entre en contact avec le sel.
Sélectionnez le programme et choisissez la couleur de croûte désirée.

Brioche à la cannelle

Programme : pain normal ou brioché
Pour 1 brioche de : 900 g environ

- 500 g de farine blanche
- 1 cc de cannelle en poudre
- 80 g de raisins secs blonds
- 120 g de beurre
- 3 œufs
- 300 ml de lait tiède environ
- 2 cc de levure instantanée
- 60 g de sucre
- 1 cc de sel

Dans un verre mesureur mettez les œufs et ajoutez du lait jusqu'à obtenir 300 ml.
Placez les ingrédients dans la cuve dans l'ordre préconisé par le constructeur à l'exception des raisins secs.
Sélectionnez le programme et choisissez la couleur de croûte claire.
Au bip ajoutez les raisins secs.

Brioche des rois

Programme : pâte
Cuisson : 30 à 40 minutes
Pour 1 brioche de : 750 g environ

Pâte :

- 300 g de farine T 55
- 90 g de fruits confits coupés en cubes
- 150 g de beurre
- 2 œufs + 1 jaune
- 1 cc d'arôme de citron
- 1,5 cc de levure déshydratée instantanée
- 50 g de sucre
- 6 g de sel

- 2 fèves en porcelaine

Glaçage :

- 1 œuf
- un peu d'eau

Sirop :

- 50 g de sucre
- 50 ml d'eau

Décor :

- sucre en grains
- fruits confits en tranches

Placez tous les ingrédients dans la cuve dans l'ordre préconisé par le constructeur. Sélectionnez le programme. Au bout d'une dizaine de minutes, vérifiez la consistance de la pâte qui doit être souple et élastique et ne plus coller aux parois (elle peut être trop liquide suivant la taille des œufs). Au bip ou en milieu de pétrissage ajoutez les fruits confits coupez en dés.
Une fois le programme terminé, farinez-vous les mains, sortez délicatement la pâte de la machine sur un plan de travail légèrement fariné. Façonnez rapidement une boule en y insérant les 2 fèves et laissez poser 30 minutes sous un linge humide. Au bout de ces 30 minutes, faites une boule assez serrée, aplatissez-la légèrement, enfoncez votre poing bien fariné au milieu en faisant tourner la pâte autour de celui-ci afin d'agrandir le trou le plus possible (durant la levée de la pâte il risque de se refermer s'il n'est pas assez grand). Déposez la brioche sur une plaque de cuisson recouverte de papier sulfurisé. Laissez lever environ 1 h à température ambiante, la pâte doit doubler de volume. Préchauffez le four à 200 °C. Une fois qu'il est chaud, à l'aide d'un pinceau enduisez la brioche d'œuf mélangé à un peu d'eau et enfournez immédiatement. Faites cuire entre 30 et 40 minutes. La brioche doit avoir une belle couleur dorée. Une fois la brioche cuite, préparez un sirop. Dans une casserole faites chauffer 50 g de sucre et 50 ml d'eau, portez à ébullition puis à l'aide d'un pinceau enduisez la brioche de sirop, saupoudrez de sucre en grains et placez les fruits confits en tranches. Laissez refroidir sur une grille.

Brioche façon pogne

Programme : pain normal ou brioché
Pour 1 brioche de : 750 g environ

- 500 g de farine blanche
- 1 cs de zeste de citron
- 2 cs de fleur d'oranger
- 2 cs de rhum
- 120 g de beurre
- 3 œufs
- 300 ml de lait tiède environ
- 2 cc de levure instantanée
- 60 g de sucre
- 1 cc de sel

Dans un verre mesureur mettez les 3 œufs, la fleur d'oranger, le rhum et ajoutez du lait jusqu'à obtenir 300 ml.
Placez les ingrédients dans la cuve dans l'ordre préconisé par le constructeur.
Sélectionnez le programme et choisissez la couleur de croûte claire.

Brioche au fromage blanc

Programme : pain normal ou brioché
Pour 1 brioche de : 900 g environ

- 500 g de farine blanche
- 100 g de fromage blanc
- 4 jaunes d'œufs
- 200 ml de lait tiède
- 2 cc de levure instantanée
- 80 g de sucre
- 1 cc de sel

Placez les ingrédients dans la cuve dans l'ordre préconisé par le constructeur.
Sélectionnez le programme et choisissez la couleur de croûte claire.

Variante : au bip vous pouvez ajouter au choix des pépites de chocolat congelées ou des raisins secs.

Brioche aux pralines

Programme : pâte
Cuisson : 30 à 40 minutes
Pour 1 brioche de : 550 g environ

Pâte :

- 250 g de farine T 45
- 50 g de pralines rouges
- 65 g de beurre
- 3 œufs
- 1 cs de rhum
- 1 cs de fleur d'oranger
- 1,5 cc de levure déshydratée instantanée
- 70 g de sucre
- 5 g de sel

Glaçage :

- 1 œuf
- un peu d'eau

Placez tous les ingrédients dans la cuve dans l'ordre préconisé par le constructeur. Sélectionnez le programme. Au bout d'une dizaine de minutes, vérifiez la consistance de la pâte qui doit être souple et élastique et ne plus coller aux parois (elle peut être trop liquide suivant la taille des œufs). En milieu de pétrissage, sortez la pâte de la machine et sur un plan de travail légèrement fariné incorporez les pralines. Remettez la pâte dans la machine et laissez le programme se terminer.
Farinez-vous les mains, sortez délicatement la pâte. Sur un plan de travail légèrement fariné façonnez rapidement une boule assez serrée et posez-la sur une plaque de cuisson recouverte de papier sulfurisé. Couvrez d'un torchon humide et laissez lever à température ambiante 1 h à 1 h 30. La pâte doit doubler de volume. Préchauffez le four à 200 °C. Une fois le four chaud, enduisez à l'aide d'un pinceau la brioche d'œuf mélangé à un peu d'eau, enfournez immédiatement. Faites cuire entre 30 et 40 minutes. La brioche doit être dorée. Laissez refroidir 1 h sur une grille.

Brioche à la noix de coco

Programme : pain normal ou brioché
Pour 1 pain de : 700 g environ

- 500 g de farine T 55
- 40 g de noix de coco râpée
- 150 g de beurre
- 3 jaunes d'œufs
- 140 ml de lait
- 2 cc de levure déshydratée
- 35 g de sucre
- 1,5 cc de sel

Mettez les jaunes d'œufs dans un verre mesureur et complétez avec le lait jusqu'à 140 ml. Placez tous les ingrédients dans la cuve dans l'ordre préconisé par le constructeur. Sélectionnez le programme et choisissez la couleur de croûte désirée.

Si vous n'avez pas de programme brioché, je vous conseille d'arrêter la cuisson 20 minutes avant la fin du programme normal.

Petites brioches au sucre

Programme : pâte
Cuisson : 15 à 20 minutes
Pour : 10 brioches

Pâte :
- 250 g de farine T 45
- 80 g de beurre
- 2 œufs
- 1,5 cc de levure déshydratée instantanée
- 30 g de sucre
- 5 g de sel

Glaçage :
- 1 œuf
- un peu d'eau
- sucre en grains

Placez tous les ingrédients dans la cuve dans l'ordre préconisé par le constructeur. Sélectionnez le programme. Au bout d'une dizaine de minutes, vérifiez la consistance de la pâte qui doit être souple et élastique et ne plus coller aux parois (elle peut être trop liquide suivant la taille des œufs). Une fois le programme terminé, farinez-vous les mains, sortez délicatement la pâte de la machine. Sur un plan de travail légèrement fariné, détaillez rapidement la pâte en 10 portions de poids égal. Laissez reposer 30 minutes sous un linge humide. Au bout de ces 30 minutes, faites des boules assez serrées, ou donnez-leur une forme allongée d'environ 12 cm. Enduisez le dessus des petites brioches d'œuf mélangé à un peu d'eau. Dans un saladier versez le sucre en grains, prenez chaque pâton enduit d'œuf et trempez le côté enduit dans le sucre en grains. Déposez les brioches sur une plaque de cuisson recouverte de papier sulfurisé. Laissez lever environ 1 h à température ambiante. La pâte doit doubler de volume. Préchauffez le four à 180 °C. Une fois le four chaud enfournez immédiatement et faites cuire entre 15 et 20 minutes. Les brioches doivent avoir une belle couleur dorée. Laissez refroidir sur une grille.

Petites brioches fourrées

Programme : pâte
Cuisson : 15 à 20 minutes
Pour : 10 pièces

Pâte :

- 250 g de farine T 45
- 80 g de beurre
- 2 œufs
- 1 cc de levure déshydratée instantanée
- 30 g de sucre
- 5 g de sel

Crème pâtissière (voir page 264) :

- 20 g de fécule de maïs
- 1 gousse de vanille
- 2 jaunes d'œufs
- 250 ml de lait
- 30 g de sucre

Glaçage :

- cerises confites
- 1 œuf
- un peu d'eau

Placez tous les ingrédients dans la cuve dans l'ordre préconisé par le constructeur. Sélectionnez le programme. Au bout d'une dizaine de minutes, vérifiez la consistance de la pâte qui doit être souple et élastique et ne plus coller aux parois (elle peut être trop liquide suivant la taille des œufs). Une fois le programme terminé, farinez-vous les mains, sortez délicatement la pâte de la machine. Sur un plan de travail légèrement fariné, détaillez rapidement la pâte en 10 portions de poids égal. Laissez reposer 30 minutes sous un linge humide. Faites ensuite des boules assez serrées. Déposez les brioches sur une plaque de cuisson recouverte de papier sulfurisé. Laissez lever environ 30 minutes. Après ce temps de repos, écrasez le centre de chaque boule avec vos doigts en prenant soin de ne pas crever le fond. Remplissez de crème pâtissière froide à l'aide d'une poche à douille et dorez les bords de la brioche avec de l'œuf mélangé à un peu d'eau. Laissez lever à nouveau 30 minutes. Préchauffez le four à 180 °C. Une fois le four chaud, enfournez immédiatement et faites cuire entre 15 et 20 minutes. Les brioches doivent avoir une belle couleur dorée. À la sortie du four placez au milieu de chaque brioche une cerise confite. Laissez refroidir.

Petites brioches à tête

Programme : pâte
Cuisson : 15 à 20 minutes
Pour : 10 pièces

Pâte :

- 250 g de farine T 45
- 80 g de beurre
- 2 œufs
- 1,5 cc de levure déshydratée instantanée
- 30 g de sucre
- 5 g de sel

Glaçage :

- 1 œuf
- un peu d'eau

Placez tous les ingrédients dans la cuve dans l'ordre préconisé par le constructeur. Sélectionnez le programme. Au bout d'une dizaine de minutes, vérifiez la consistance de la pâte qui doit être souple et élastique et ne plus coller aux parois (elle peut être trop liquide suivant la taille des œufs). Une fois le programme terminé, farinez-vous les mains, sortez délicatement la pâte de la machine. Sur un plan de travail légèrement fariné, détaillez rapidement la pâte en 10 portions de poids égal. Laissez reposer 30 minutes sous un linge humide. Faites ensuite des boules assez serrées. Avec la tranche de la main coupez la tête de la brioche (à peu près 1/3 du pâton). Avec le doigt, faites un trou dans la grosse boule (le corps de la brioche). Roulez en pointe la petite boule, disposez la pointe dans le trou du corps de la brioche. Déposez dans des petits moules à brioche beurrés. Laissez lever environ 1 h à température ambiante. La pâte doit doubler de volume. Préchauffez le four à 180 °C. À l'aide d'un pinceau enduisez les brioches d'œuf mélangé à un peu d'eau et enfournez immédiatement. Faites cuire entre 15 et 20 minutes. Les brioches doivent être dorées. Laissez refroidir sur une grille.

Pain au lait

Programme : pain normal ou brioché
Pour 1 pain de : 700 g environ

- 500 g de farine blanche
- 50 g de beurre
- 300 ml de lait
- 2 cc de levure instantanée
- 30 g de sucre
- 1,5 cc de sel

Placez les ingrédients dans la cuve dans l'ordre préconisé par le constructeur.
Sélectionnez le programme et choisissez la couleur de croûte claire.

Pain au lait liégeois

Programme : pain normal
Pour 1 pain de : 550 g environ

- 320 g de farine spéciale pain
- 80 g de farine de seigle spéciale pain
- 15 g de beurre
- 270 ml de lait
- 2 cc de levure boulangère spéciale pain
- 1 cs de sirop de Liège
- 1 cc de sel

Placez le lait, le beurre fondu, le sel et le sirop de Liège au fond de la cuve. Versez par-dessus les farines puis la levure boulangère, sans que celle-ci entre en contact avec le sel. Sélectionnez le programme et choisissez la couleur de croûte désirée.

Le sirop de Liège est un sirop à tartiner, un jus très concentré fabriqué à base de fruits (pommes, poires, dattes, abricots et pruneaux sont utilisés).

Pain au lait à la noix de coco et au citron

Programme : pain normal ou brioché
Pour 1 pain de : 700 g environ

- 500 g de farine blanche
- le zeste d'un citron non traité
- 50 g de beurre
- 100 ml de lait de coco
- 200 ml de lait
- 2 cc de levure instantanée
- 30 g de sucre
- 1,5 cc de sel

Placez les ingrédients dans la cuve dans l'ordre préconisé par le constructeur.
Sélectionnez le programme et choisissez la couleur de croûte claire.

Pain au lait d'automne

Programme : pain normal ou brioché
Pour 1 pain de : 750 g environ

- 475 g de farine blanche
- 25 g de farine de châtaigne
- 70 g de châtaignes coupées en morceaux
- 50 g de beurre
- 300 ml de lait
- 2 cc de levure instantanée
- 30 g de sucre
- 1,5 cc de sel

Placez les ingrédients dans la cuve dans l'ordre préconisé par le constructeur, à l'exception des châtaignes. Sélectionnez le programme et choisissez la couleur de croûte claire.
Au bip ajoutez les châtaignes.

Vous pouvez utiliser des châtaignes fraîches, en boîte, sous vide au naturel ou encore des morceaux de marrons glacés.

Pain au lait abricots et dattes

Programme : pain brioché
Pour 1 pain de : 750 g environ

- 400 g de farine spéciale pain au lait ou brioché
- 75 g d'abricots secs
- 75 g de dattes
- 75 g de beurre
- 200 ml de lait
- 2 cc de levure boulangère spéciale pain
- 1 cs de miel
- 1 cc de sel

Placez le lait, le beurre fondu, le sel et le miel au fond de la cuve. Versez par-dessus la farine puis la levure boulangère, sans que celle-ci entre en contact avec le sel.
Sélectionnez le programme et choisissez la couleur de croûte désirée.
Au bip, ajoutez les fruits secs coupés en morceaux.

Pain au yaourt et au miel

Programme : pain normal ou français
Pour 1 pain de : 700 g environ

- 500 g de farine T 55
- 150 g de yaourt nature
- 20 g de beurre
- 150 ml d'eau
- 1,5 cc de levure déshydratée
- 3 cs de miel
- 1,5 cc de sel

Placez tous les ingrédients dans la cuve dans l'ordre préconisé par le constructeur. Sélectionnez le programme et choisissez la couleur de croûte désirée.

Petits pains au lait aux pépites de chocolat

Programme : pâte
Cuisson : 15 à 20 minutes
Pour : 10 petits pains

Pâte :

- 400 g de farine T 45
- 50 g de pépites de chocolat
- 80 g de beurre
- 1 jaune d'œuf
- 300 ml de lait
- 1,5 cc de levure déshydratée instantanée
- 20 g de sucre
- 1,5 cc de sel

Glaçage :

- 1 œuf
- un peu de lait

Placez tous les ingrédients dans la cuve dans l'ordre préconisé par le constructeur. Sélectionnez le programme.
Au bip ou 10 minutes avant la fin du pétrissage, ajoutez les pépites de chocolat, que vous aurez préalablement congelées pour éviter qu'elles ne fondent dans la machine.
Une fois le programme terminé, farinez-vous les mains, sortez délicatement la pâte de la machine. Sur un plan de travail légèrement fariné, divisez la pâte en 10 pâtons de poids égal. Couvrez-les d'un torchon humide et laissez reposer 30 minutes.
Au bout de ces 30 minutes, façonnez des petits pains de la manière suivante : prenez un pâton, aplatissez-le délicatement afin d'obtenir un rectangle en prenant soin de ne pas trop écraser la pâte. Ramenez les deux extrémités vers son milieu. Repliez le pâton en deux dans le sens horizontal et soudez les bouts joints avec la paume des mains. Placez la soudure sur le dessus, et avec les deux mains sur le pâton, commencez à le faire rouler sur lui-même en écartant progressivement les mains jusqu'à la taille désirée, environ 10 cm. Placez les petits pains ainsi façonnés sur une plaque de cuisson recouverte de papier sulfurisé, la soudure en dessous. Couvrez d'un linge humide et laissez lever 1 h à température ambiante. Préchauffez le four à 180 C °. Une fois le four chaud, à l'aide d'un pinceau enduisez les petits pains d'œuf mélangé à un peu de lait.
Enfournez immédiatement après la coupe, et faites cuire entre 15 et 20 minutes. Au terme de la cuisson, les petits pains doivent avoir une belle couleur dorée. Laissez refroidir au moins 1 h sur un linge propre.

Pains au chocolat

Programme : pâte
Cuisson : 15 minutes environ
Pour : 10 pains

Pâte :

- 500 g de farine T 45
- 300 ml d'eau
- 2,5 cc de levure déshydratée instantanée
- 50 g de sucre
- 10 g de sel

Garniture :

- 20 barres de chocolat

Feuilletage :

- 250 g de beurre

Glaçage :

- 1 œuf
- un peu d'eau

PÂTE :
Suivre le même procédé que pour la pâte à croissant (p. 252).
FAÇONNAGE :
Posez la pâte devant vous afin d'avoir la pliure à droite et étalez la pâte en un rectangle, coupez le rectangle en deux dans la longueur et en 5 dans la largeur afin d'obtenir 10 rectangles.
Posez une barre de chocolat à l'extrémité du rectangle puis roulez jusqu'à environ la moitié, déposez une deuxième barre de chocolat et roulez jusqu'à la fin. Attention à ne pas trop les serrer. Procédez ainsi pour les 9 rectangles suivants.
Déposez les pains sur une plaque de cuisson recouverte de papier sulfurisé et laissez reposer environ 1 h à température ambiante, ils doivent doubler de volume.
Préchauffez le four à 210 °C.
Une fois le four chaud badigeonnez à l'aide d'un pinceau chaque pain avec l'œuf battu mélangé à un peu d'eau.
Enfournez immédiatement et faites cuire environ 15 minutes en surveillant bien la coloration.
Comme les croissants, les pains au chocolat dorent très vite. Une fois la cuisson terminée, placez-les sur une grille et laissez-les refroidir.

Croissants

Programme : pâte
Cuisson : 15 minutes environ
Pour : 8 à 10 pièces

Pâte :
- 500 g de farine T 45
- 300 ml d'eau
- 2,5 cc de levure déshydratée instantanée
- 50 g de sucre
- 10 g de sel

Feuilletage :
- 250 g de beurre

Glaçage :
- 1 œuf
- un peu d'eau

Placez tous les ingrédients dans la cuve dans l'ordre préconisé par le constructeur. Sélectionnez le programme. Une fois qu'il est terminé, farinez-vous les mains, sortez délicatement la pâte de la machine. Sur un plan de travail légèrement fariné, façonnez rapidement une boule que vous placerez dans un saladier préalablement huilé. Laissez reposer 1 h au réfrigérateur. Pendant ce temps, sortez 250 g de beurre du réfrigérateur, afin qu'il puisse s'étaler facilement avec un rouleau à pâtisserie. Placez-le entre deux feuilles de papier d'aluminium et étalez-le au rouleau sur une épaisseur d'environ 1 cm. Placez-le à plat au congélateur. Au bout d'1 h sortez la pâte du réfrigérateur, écrasez-la avec les poings et étalez-la en un rectangle trois fois plus long que large. Placez la plaque de beurre sortant du congélateur au milieu du rectangle de pâte et pliez la pâte en trois en portefeuille. Tournez la pâte d'un quart de tour vers la droite et étalez au rouleau en un rectangle trois fois plus long que large, pliez la pâte en portefeuille, puis pliez-la en deux. Enveloppez la pâte dans du film alimentaire et placez au réfrigérateur entre 30 minutes et 1 h. Plus la pâte sera froide plus il sera facile de la travailler Ensuite, ressortez-la du réfrigérateur, posez-la devant vous en la tournant de façon à avoir la pliure à droite. Étalez la pâte en un rectangle trois fois plus long que large et pliez la pâte en trois en portefeuille puis pliez-la en deux. Laissez reposer entre 30 minutes et 1 h au réfrigérateur. Posez la pâte devant vous afin d'avoir la pliure à droite et étalez la pâte en un rectangle, détaillez la pâte en triangles avec une roulette à pâtisserie ou un couteau très aiguisé. Du bout des doigts, roulez chaque triangle en partant de la base vers la pointe, courbez-les légèrement et placez-les sur une plaque de cuisson recouverte de papier sulfurisé. Laissez reposer environ 1 h à température ambiante, ils doivent doubler de volume. Préchauffez le four à 210 °C. Une fois qu'il est chaud, badigeonnez à l'aide d'un pinceau les croissants avec du jaune d'œuf battu mélangé à un peu d'eau. Enfournez immédiatement et faites cuire environ 15 minutes en surveillant bien la coloration. Attention les croissants dorent très vite. Une fois cuits, placez-les sur une grille et laissez-les refroidir.

Baguettes viennoises

Programme : pâte
Cuisson : 15 à 20 minutes
Pour : 4 petites pièces

Pâte :

- 500 g de farine T 55
- 60 g de beurre
- 300 ml de lait
- 1,5 cc de levure déshydratée instantanée
- 20 g de sucre
- 1,5 cc de sel

Glaçage :

- un peu de lait

Placez tous les ingrédients dans la cuve dans l'ordre préconisé par le constructeur. Sélectionnez le programme. Une fois qu'il est terminé, farinez-vous les mains, sortez délicatement la pâte de la machine. Sur un plan de travail légèrement fariné divisez la pâte en 4 pâtons de poids égal. Couvrez-les d'un torchon humide et laissez reposer 30 minutes. Au bout de ces 30 minutes, façonnez les baguettes de la manière suivante : prenez un pâton, aplatissez-le délicatement afin d'obtenir un rectangle en prenant soin de ne pas trop écraser la pâte. Ramenez les deux extrémités vers son milieu. Repliez le pâton en deux dans le sens horizontal et soudez les bouts joints avec la paume des mains. Placez la soudure sur le dessus, et avec les deux mains sur le pâton, commencez à le faire rouler sur lui-même en écartant progressivement les mains jusqu'à la taille désirée. Placez la baguette façonnée dans le moule à baguette, la soudure en dessous. Faites de même pour les pâtons restant. Entaillez les baguettes dans le sens de la largeur, sur toute leur longueur, en espaçant les entailles d'environ 4 cm. Couvrez d'un linge humide et laissez lever 1 h à température ambiante.

Préchauffez le four à 180 °C. Une fois qu'il est chaud, à l'aide d'un pinceau enduisez les baguettes de lait. Enfournez immédiatement après la coupe, et faites cuire entre 15 et 20 minutes. Au terme de la cuisson, les baguettes doivent avoir une belle couleur dorée. Laissez refroidir au moins 1 h sur un linge propre.

Cake au chocolat

Programme : pâtisserie
Pour 1 cake de : 900 g environ

- 250 g de farine autolevante
- 100 g de chocolat noir
- 20 g d'amandes en poudre
- 150 g de beurre
- 4 œufs
- 150 g de sucre glace
- 1 pincée de sel

Faites fondre le chocolat au bain-marie ou au micro-ondes avec 1 cs d'eau.
Battez les œufs en omelette.
Placez les ingrédients dans la cuve en commençant par les œufs et tous les ingrédients liquides, en finissant par la farine. Sélectionnez le programme.
Une fois qu'il est terminé, démoulez le cake sur une assiette. Servez tiède ou froid.

Cake à la banane et au chocolat

Programme : pâtisserie
Pour 1 cake de : 900 g environ

- 250 g de farine autolevante
- 100 g de chocolat noir
- 3 bananes bien mûres coupées en morceaux
- 150 g de beurre
- 4 œufs
- 150 g de sucre glace
- 1 pincée de sel

Faites fondre le chocolat au bain-marie ou au micro-ondes avec 1 cs d'eau. Battez les œufs en omelette. Placez les ingrédients dans la cuve en commençant par les œufs et tous les ingrédients liquides, en finissant par la farine. Sélectionnez le programme. Une fois qu'il est terminé, démoulez le cake sur une assiette. Servez tiède ou froid.

Cake aux fruits confits

Programme : pâtisserie
Pour 1 cake de : 900 g environ

- 250 g de farine autolevante
- 200 g de fruits confits + 1 cs de farine
- 2 sachets de sucre vanillé
- 150 g de beurre
- 4 œufs
- 150 g de sucre
- 1 pincée de sel

Battez les œufs en omelette. Placez les ingrédients dans la cuve en commençant par les œufs et en finissant par la farine. Sélectionnez le programme. Dans un sac en plastique, versez les fruits confits et 1 cs de farine, fermez et mélangez. Ajoutez ces fruits confits 10 minutes avant que la cuisson ne commence. Une fois le programme terminé, démoulez le cake. Servez tiède ou froid.

Cake aux fruits secs

Programme : pâtisserie
Pour 1 cake de : 900 g environ

- 250 g de farine autolevante
- 50 g de noix
- 50 g de noisettes
- 50 g de raisins secs
- 50 g d'amandes
- 4 œufs
- 2 sachets de sucre vanillé
- 150 g de beurre
- 150 g de sucre glace
- 1 pincée de sel

Battez les œufs en omelette. Placez les ingrédients dans la cuve en commençant par les œufs et tous les ingrédients liquides, en finissant par la farine. Sélectionnez le programme.
Une fois qu'il est terminé, démoulez le cake sur une assiette. Servez tiède ou froid.

Cake au miel

Programme : pâtisserie
Pour 1 cake de : 900 g environ

- 250 g de farine autolevante
- 100 g de miel
- 100 g de sucre
- 100 g de noix
- 150 g de beurre
- 4 œufs
- 1 pincée de sel

Battez les œufs en omelette. Placez les ingrédients dans la cuve en commençant par les œufs et tous les ingrédients liquides, en finissant par la farine. Sélectionnez le programme. Une fois qu'il est terminé, démoulez le cake sur une assiette. Servez tiède ou froid.

Cake citron et miel

Programme : pâtisserie
Pour 1 cake de : 850 g environ

- 250 g de farine à gâteaux
- 200 g de beurre
- 200 g de miel
- 4 œufs
- le zeste et le jus de 2 citrons non traités
- 1 pincée de sel

Battez les œufs et mettez-les dans la cuve. Ajoutez le jus et le zeste émincé des citrons, le beurre fondu, le miel, le sel, la farine. Sélectionnez le programme. Une fois qu'il est terminé, démoulez le cake sur une assiette. Servez tiède ou froid.

Gâteau marbré

Programme : cuisson
Pour 1 cake de : 800 g environ

- 250 g de farine autolevante
- 100 g de chocolat noir
- 1 cc de café instantané
- 1 cc de vanille en poudre
- 100 g de beurre
- 4 œufs
- 150 g de sucre
- 1 pincée de sel

Battez les œufs en omelette. Mélangez au robot tous les ingrédients à l'exception du café, du chocolat et de la vanille. Divisez la pâte en deux. Dans une partie mettez la vanille. Dans l'autre, le chocolat fondu et le café instantané.
Versez la pâte à la vanille dans la cuve beurrée et sans la pale de pétrissage, puis recouvrez avec la pâte au chocolat. À l'aide du manche d'une cuillère en bois mélangez délicatement les deux pâtes sans trop insister afin qu'elles s'entremêlent. Sélectionnez le programme. Une fois qu'il est terminé, démoulez le gâteau sur une assiette.

Gâteau au yaourt

Programme : pâtisserie
Pour 1 cake de : 600 g environ

- 3 pots de farine autolevante
- 2 pots de sucre
- 1 pot de yaourt
- 3 œufs
- 1/2 pot d'huile de noisette ou de noix
- 1 cc de vanille en poudre
- 1 pincée de sel

Battez les œufs en omelette. Placez les ingrédients dans la cuve en commençant par les œufs et tous les ingrédients liquides, en finissant par la farine. Sélectionnez le programme. Une fois qu'il est terminé, démoulez le gâteau sur une assiette.

Gâteau au quatre-épices

Programme : pâtisserie
Pour 1 cake de : 700 g environ

- 250 g de farine autolevante
- 1 pomme coupée en cubes
- 1 cs de quatre-épices
- 1 cc de vanille en poudre
- 100 g de beurre
- 4 œufs
- 150 g de sucre
- 1 pincée de sel

Battez les œufs en omelette. Placez les ingrédients dans la cuve en commençant par les œufs et tous les ingrédients liquides, en finissant par la farine. Sélectionnez le programme.
10 minutes avant que la cuisson ne commence ajoutez la pomme coupée en cubes.
Une fois le programme terminé, démoulez le gâteau sur une assiette.

Gâteau aux épices

Programme : pâtisserie
Pour 1 pain de : 700 g environ

- 200 g de farine à gâteaux
- 50 g de farine de seigle spéciale pain
- 125 g de sucre
- 125 g de miel
- 50 g de beurre
- 2 œufs
- 100 ml de lait
- 1 cs d'épices mélangées (gingembre, anis, cannelle, clou de girofle)

Placez le lait, les œufs battus, le beurre fondu, le sucre, le miel et les épices au fond de la cuve. Versez par-dessus les farines. Sélectionnez le programme et choisissez la couleur de croûte désirée.

Galette parfumée

Programme : pâte
Cuisson : 20 minutes
Pour 1 galette de : 700 g environ

Galette :

- 400 g de farine spéciale pain au lait ou brioché
- 75 g de beurre
- 200 ml d'eau
- 1 cs de rhum ambré
- 1 cc de levure boulangère spéciale pain

Crème meringuée :

- 3 œufs
- 60 g de sucre
- 250 ml de lait
- 1 cc de rhum ambré
- 1 cs de sucre glace

Placez l'eau, le rhum et le beurre fondu au fond de la cuve. Versez la farine par-dessus puis la levure boulangère. Sélectionnez le programme. Préchauffez votre four à 180 °C (th. 6). Étalez la pâte en un cercle de 2 cm d'épaisseur environ. Mettez au four pendant 20 minutes.
Dans une casserole, portez le lait à ébullition. Faites blanchir les jaunes d'œufs et le sucre en les fouettant vigoureusement. Versez le lait sur ce mélange et remettez-le dans la casserole. Remuez à feu doux jusqu'à ce que la crème épaississe. La crème est prête lorsque vous tracez un sillon sur le dos de la cuillère trempée dans la crème et que celle-ci ne recouvre pas immédiatement. Ajoutez le rhum et mélangez. Laissez refroidir.
Incorporez dans la crème refroidie les trois blancs d'œufs montés en neige. Continuez de fouetter dans un bain-marie jusqu'à l'obtention d'une crème lisse et brillante. Coupez la galette en deux dans l'épaisseur. Garnissez-la de cette préparation et, si vous le souhaitez, placez-y une fève avant de refermer. Décorez de sucre glace.

Baba au rhum

Programme : pâte
À l'avance : 24 heures
Cuisson : 30 minutes
Pour : 1 pièce

Pâte :

- 250 g de farine T 45
- 80 g de beurre
- 2 œufs
- 1,5 cc de levure déshydratée instantanée
- 10 g de sucre
- 1,5 cc de sel

Sirop :

- 500 g de sucre
- le zeste d'1/2 citron
- 1 l d'eau
- 150 ml de rhum

Nappage :

- confiture d'abricot

Placez tous les ingrédients dans la cuve dans l'ordre préconisé par le constructeur. Sélectionnez le programme. Attention, la pâte à baba ou à savarin est beaucoup plus molle qu'une pâte à brioche. Une fois le programme terminé, versez directement la pâte dans un moule à savarin généreusement graissé et laissez lever la pâte à nouveau jusqu'au bord du moule. Préchauffez le four à 180 °C. Une fois le four chaud, enfournez immédiatement et faites cuire 30 minutes. Une fois le gâteau cuit, démoulez et laissez refroidir sur une grille à l'abri de l'humidité.
Le lendemain préparez le sirop. Portez à ébullition l'eau, le sucre et le zeste de citron. Hors du feu ajoutez le rhum. Placez la grille où est posé le baba sur une plaque de cuisson de four et arrosez lentement avec le sirop à l'aide d'une louche. Pour savoir si le baba est bien imbibé enfoncez une lame de couteau elle doit s'introduire sans difficulté.
Préparez le nappage. Faites chauffer dans une casserole un demi-pot de confiture d'abricot. Une fois à ébullition, nappez le baba à l'aide d'un pinceau. Au moment de servir garnissez le baba de crème chantilly ou pâtissière selon votre goût.

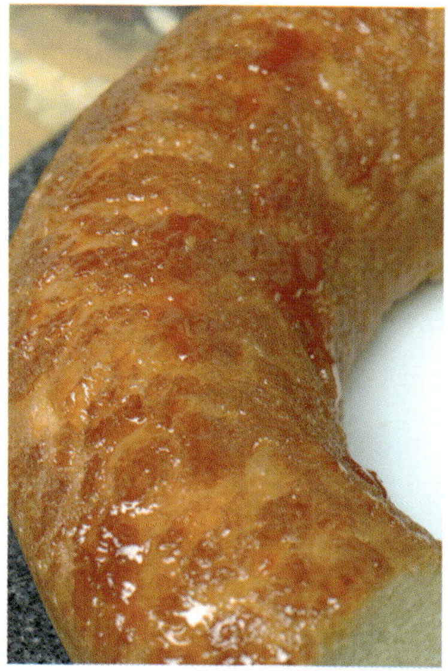

Lunettes à la crème

Programme : pâte
Cuisson : 15 minutes environ
Pour : 10 pièces

Ingrédients et feuilletage :
identiques à la recette des croissants page 252.

Crème pâtissière :
- 250 ml de lait
- 2 jaunes d'œufs
- 20 g de fécule de maïs
- 30 g de sucre
- 80 g de raisins secs
- 1 gousse de vanille

Glaçage :
- 50 g de sucre
- 1/2 l d'eau

PÂTE :
Suivre le même procédé que pour la pâte à croissant (p. 252).

CRÈME PÂTISSIÈRE :
Pendant le programme de la machine, préparez la crème pâtissière. Faites chauffer le lait avec la vanille sans le faire bouillir. Dans un saladier mélangez le sucre avec les jaunes d'œufs jusqu'à ce qu'ils blanchissent. Ajoutez la fécule de maïs et fouettez énergiquement afin qu'il n'y ait aucun grumeau. Versez le lait chaud dans le saladier en remuant énergiquement. Remettez le tout dans la casserole, sur feu doux sans cesser de remuer. Retirez du feu une fois que l'ébullition reprend. Laissez tiédir, ajoutez les raisins secs et mettez au réfrigérateur.

FAÇONNAGE :
Posez la pâte devant vous afin d'avoir la pliure à droite et étalez la pâte en un rectangle, d'un bon centimètre d'épaisseur et de 20 cm de largeur. Découpez des bandelettes d'un centimètre de largeur. Torsadez chaque bandelette de pâte en posant les mains à chaque extrémité et en les faisant rouler dans le sens opposé. Ensuite, formez un « 8 » avec chaque torsade obtenue. Déposez-les sur une plaque de cuisson recouverte de papier sulfurisé et laissez reposer environ 1 h à température ambiante. Elles doivent doubler de volume. Préchauffez le four à 210 °C. Une fois le four chaud, à l'aide d'une poche à douille, garnissez les creux des lunettes de crème pâtissière à même la plaque. La crème adhère à la pâte pendant la cuisson et se détache bien de la plaque après refroidissement. Enfournez immédiatement et faites cuire environ 15 minutes en surveillant bien la coloration. Pendant ce temps préparez un sirop avec 50 g de sucre et 1/2 l d'eau. Une fois la cuisson terminée, sortez les lunettes du four, laissez-les tiédir et badigeonnez-les de sirop. Laissez-les enfin refroidir sur la plaque de cuisson.

Petits pains raisins et noisettes

Programme : pâte
Préparation : 20 minutes
Repos : au moins 30 minutes
Cuisson : 20 minutes
Pour : 10 à 15 petits pains

Pâte :

- 400 g de farine spéciale pain au lait ou brioché
- 70 g de beurre
- 240 ml de lait
- 2 cc de levure boulangère spéciale pain
- 4 cc de sucre
- 1 cc de se

Pour la crème :

- 100 g de raisins secs
- 50 g de noisettes
- 2 œufs
- 6 cs de sucre
- 4 cs de cassonade
- 2 cs de farine
- 300 ml de lait

Placez le lait, le beurre fondu, le sel et le sucre au fond de la cuve. Versez par-dessus la farine puis la levure boulangère, sans que celle-ci entre en contact avec le sel. Sélectionnez le programme. Après la levée, sortez la pâte et divisez-la en 10 à 15 morceaux. Confectionnez des bandes de 10 cm de long sur 2 cm de large. Laissez-les lever pendant 30 minutes à 1 heure, dans un endroit tiède et humide. Préparez la crème. Faites bouillir le lait. Mélangez le sucre, les œufs et la farine. Ajoutez le lait bouillant. Faites cuire doucement jusqu'à épaississement. Ajoutez les raisins secs et les noisettes hachées grossièrement. Étalez la crème sur les bandes de pâte puis roulez-les. Saupoudrez de cassonade et faites cuire au four à 210 °C (th. 7), pendant 20 minutes.

Kouglof

Programme : pâte
Cuisson : 30 minutes
Pour : 1 pièce

- 400 g de farine T 55
- 100 g de raisins secs
- 100 g de beurre
- 2 œufs
- 220 ml de lait environ
- 2 cc de levure déshydratée instantanée
- 60 g de sucre
- 5 g de sel

Cassez les œufs dans un verre mesureur, et complétez avec du lait jusqu'à 220 ml.
Placez tous les ingrédients dans la cuve dans l'ordre préconisé par le constructeur. Sélectionnez le programme. Au bout d'une dizaine de minutes, vérifiez la consistance de la pâte qui doit être souple et élastique et ne plus coller aux parois. Ajoutez les raisins, au bip ou en milieu de pétrissage. Une fois le programme terminé, farinez-vous les mains, sortez délicatement la pâte de la machine. Sur un plan de travail légèrement fariné, façonnez rapidement une boule et déposez-la dans un moule à kouglof préalablement beurré. Laissez lever à nouveau entre 1 h et 1 h 30 selon la température ambiante. La pâte doit doubler de volume.

Préchauffez le four à 180 °C.
Une fois le four chaud, enfournez immédiatement et faites cuire 30 minutes. Démoulez et laissez refroidir sur une grille.

Pain d'épice

Programme : cuisson
Pour 1 pain de : 600 g environ

- 200 g de farine
- 50 g de farine de seigle
- 125 g de sucre
- 125 g de miel
- 50 g de beurre
- 1 verre de lait
- 1 cc d'anis en poudre
- 1 cc de gingembre
- 2 clous de girofle écrasés
- 1 cc de noix de muscade
- 1 pincée de sel

Mélangez au robot les ingrédients, placez le mélange dans la cuve. Sélectionnez le programme. Une fois qu'il est terminé, démoulez le pain d'épice sur une assiette.

Quatre-quarts

Programme : pâtisserie
Pour 1 pain de : 800 g environ

- 4 œufs
- le même poids de farine autolevante, de beurre et de sucre
- 1 pincée de sel

Battez les œufs en omelette. Placez les ingrédients dans la cuve en commençant par les œufs et tous les ingrédients liquides, en finissant par la farine. Sélectionnez le programme.
Une fois qu'il est terminé, démoulez le quatre-quarts sur une assiette. Servez tiède ou froid.

Gâteau au café

Programme : pâtisserie
Pour 1 cake de : 800 g environ

- 250 g de farine autolevante
- 70 g de pépites de chocolat
- 4 œufs
- 100 g de beurre
- 150 g de sucre
- 2 cs de café instantané
- 1 cc de vanille en poudre
- 1 pincée de sel

Battez les œufs en omelette. Placez les ingrédients dans la cuve en commençant par les œufs et tous les ingrédients liquides, en finissant par la farine. Sélectionnez le programme.
10 minutes avant que la cuisson ne commence, ajoutez les pépites de chocolat.
Une fois le programme terminé, démoulez le gâteau sur une assiette.

Cramique

Programme : pain normal ou brioché
Pour 1 pièce de : 850 g environ

- 500 g de farine T 55
- 90 g de raisins secs
- 70 g de beurre
- 2 jaunes d'œufs
- 300 ml de lait
- 2 cc de levure déshydratée
- 40 g de sucre
- 1,5 cc de sel

Mettez les jaunes d'œufs dans un verre mesureur et complétez avec le lait jusqu'à 300 ml. Placez tous les ingrédients dans la cuve dans l'ordre préconisé par le constructeur. Sélectionnez le programme et choisissez la couleur de croûte désirée. Au bip, ajoutez les raisins

Craquelin

Programme : pain normal ou brioché
Pour 1 pièce de : 900 g environ

- 500 g de farine blanche
- 80 g de beurre
- 3 œufs
- 300 ml de lait tiède environ
- 2 cc de levure instantanée
- 60 g de sucre
- 100 g de sucre perlé
- 1 cc de sel

Battez les 3 œufs dans un verre mesureur et ajoutez du lait jusqu'à obtenir 300 ml. Placez les ingrédients dans la cuve dans l'ordre préconisé par le constructeur, à l'exception du sucre perlé. Sélectionnez le programme et choisissez la couleur de croûte claire. Après le dernier rabattage de votre machine, soit juste au commencement de la dernière levée, sortez la pâte de la machine. Sur un plan de travail légèrement fariné incorporez le sucre perlé dans la pâte. Façonnez rapidement une boule et mettez-la dans la machine en ayant pris soin d'enlever la pale. Refermez la machine et laissez le programme se terminer.

Tarte au sucre

Programme : pâte
Cuisson : 30 minutes
Pour : 1 pièce

Pâte :

- 250 g de farine T 45
- 80 g de beurre
- 3 jaunes d'œufs
- 150 ml de lait environ
- 1 cc de levure déshydratée instantanée
- 1 cc de sel

Garniture :

- 2 œufs
- 100 ml de crème fraîche
- 200 g de cassonade

Mettez les jaunes d'œufs dans un verre mesureur, et complétez avec du lait jusqu'à 150 ml.
Placez tous les ingrédients dans la cuve dans l'ordre préconisé par le constructeur.
Sélectionnez le programme.
Au bout d'une dizaine de minutes, vérifiez la consistance de la pâte qui doit être souple et élastique et ne plus coller aux parois. Une fois le programme terminé, farinez-vous les mains, sortez délicatement la pâte de la machine. Sur un plan de travail légèrement fariné façonnez rapidement une boule et étalez-la au rouleau. Placez la pâte dans un moule à tarte beurré.
Laissez reposer 30 minutes à température ambiante.
Préchauffez le four à 200 °C.
Saupoudrez la tarte avec la cassonade. Battez les 2 œufs en omelette et ajoutez la crème fraîche. Versez cette préparation sur la tarte afin de recouvrir la cassonade. Enfournez pour 30 minutes. Servez tiède.

Stollen

Programme : pâte
Cuisson : 30 à 40 minutes
Pour 1 pièce de : 700 g environ

Pâte :

- 300 g de farine T 55
- 70 g de raisins secs
- 40 g d'orange et de cédrat confits
- 40 g de noix et amandes grossièrement hachées
- 100 g de beurre
- 2 œufs
- 160 ml de lait environ
- 2 cc de levure déshydratée instantanée
- 50 g de sucre
- 5 g de sel

Glaçage :

- beurre fondu
- sucre glace

Cassez les œufs dans un verre mesureur, et complétez avec le lait jusqu'à 160 ml.
Placez tous les ingrédients dans la cuve dans l'ordre préconisé par le constructeur. Sélectionnez le programme. Au bout d'une dizaine de minutes, vérifiez la consistance de la pâte qui doit être souple et élastique et ne plus coller aux parois.
Ajoutez les raisins, l'orange et le cédrat confits, les amandes et les noix, au bip ou en milieu de pétrissage. Une fois le programme terminé, farinez-vous les mains, sortez délicatement la pâte de la machine. Sur un plan de travail légèrement fariné, façonnez rapidement une boule et laissez reposer 30 minutes sous un linge humide. Au bout de ces 30 minutes formez une boule assez serrée et donnez-lui une forme un peu allongée. Appuyez à l'aide du rouleau à pâtisserie au milieu de la pâte, dans le sens de la longueur et amincissez un peu plus d'un côté que de l'autre. Vous obtenez ainsi deux bourrelets de grosseur inégale. Rabattez le plus petit côté sur le plus gros comme pour un chausson.
Déposez délicatement le stollen sur une plaque de cuisson recouverte de papier sulfurisé.
Laissez lever à nouveau entre 1 h et 1 h 30 selon la température ambiante. La pâte doit doubler de volume.
Préchauffez le four à 180 °C. une fois qu'il est chaud, enfournez immédiatement et faites cuire entre 30 et 40 minutes.
À la sortie du four badigeonnez de beurre fondu à l'aide d'un pinceau. Laissez refroidir sur une grille et saupoudrez généreusement le stollen de sucre glace.

Tarte tropézienne à ma façon

Programme : pâte
Cuisson : 20 à 30 minutes
Pour 1 pièce de : 850 g environ
À l'avance : 24 heures

Pâte :

- 250 g de farine T 45
- 80 g de beurre
- 2 œufs
- 1,5 cc de levure déshydratée instantanée
- 30 g de sucre
- 5 g de sel

Crème pâtissière :

- 250 ml de lait
- 2 jaunes d'œufs
- 20 g de fécule de maïs
- 30 g de sucre
- 1 gousse de vanille

Crème au beurre :

- 200 g de beurre
- 250 ml de lait
- 3 œufs
- 3 cs de fécule de maïs
- 60 g de sucre
- 2 sachets de sucre vanillé

Glaçage :

- 1 œuf
- un peu de lait
- sucre en grains

Crème pâtissière : Reportez-vous à la recette page 264.
Crème au beurre : Confectionnez une seconde crème pâtissière. Travaillez le beurre à la spatule ou au robot afin qu'il ait la consistance d'une pommade. Incorporez-le, dans cette crème pâtissière refroidie, cuillerée par cuillerée en battant longuement au fouet entre chaque cuillerée afin que le mélange reste homogène.
Mettez au réfrigérateur.
Pâte : Placez tous les ingrédients dans la cuve dans l'ordre préconisé par le constructeur. Sélectionnez le programme. Vérifiez la consistance de la pâte qui doit être souple et élastique et ne plus coller aux parois (elle peut être trop liquide suivant la taille des œufs). Une fois le programme terminé, farinez-vous les mains, sortez délicatement la pâte de la machine. Sur un plan de travail légèrement fariné, façonnez rapidement une boule et aplatissez-la à l'aide d'un rouleau à pâtisserie de la taille d'un moule à tarte. Déposez la pâte étalée dans le moule préalablement beurré et laissez reposer 30 minutes sur un torchon humide. Préchauffez le four à 180 °C. Une fois qu'il est chaud, à l'aide d'un pinceau enduisez la brioche d'œuf mélangé à un peu de lait et saupoudrez de sucre en grains. Enfournez immédiatement et faites cuire entre 20 et 30 minutes. Pendant la cuisson de la brioche, mélangez la crème pâtissière et la crème au beurre et remettez au réfrigérateur. La brioche doit avoir une belle couleur dorée, démoulez et laissez refroidir.
Une fois froide, coupez-la en deux horizontalement, étalez le mélange de crèmes sur le fond en couche très épaisse. Recouvrez de l'autre moitié de brioche et réservez au frais.

Confiture de lait

Programme : confiture
Pour : 80 cl environ

- 1 l de lait entier
- 2 cc de vanille en poudre
- 500 g de sucre contenant du gélifiant

Versez le lait, le sucre et la vanille dans la cuve. Sélectionnez le programme. Lorsqu'il est terminé, relancez-le une deuxième fois et vérifiez au milieu du programme la consistance de la confiture. Une fois le programme terminé, versez la confiture encore chaude dans des pots à vis préalablement stérilisés à l'eau bouillante. Fermez les pots immédiatement et retournez-les jusqu'à ce qu'ils refroidissent. Cela permettra de faire le vide d'air et rendra le pot hermétique.

Confiture d'agrumes

Programme : confiture
Pour : 800 g environ

- 500 g d'orange + pamplemousse rose
- le jus d'1 citron
- 1 gousse de vanille
- 3 cs d'eau
- 1 cc de Grand Marnier
- 500 g de sucre contenant du gélifiant

Pelez les fruits à vif au-dessus d'un récipient afin de récupérer le jus. Mixez-les grossièrement de façon et placez-les dans la cuve, ajoutez le jus le citron, le sucre, l'eau et le Grand Marnier. Coupez la gousse de vanille en deux et égrainez-la au-dessus de la cuve. Sélectionnez le programme. Une fois qu'il est terminé, versez la confiture encore chaude dans des pots à vis préalablement stérilisés à l'eau bouillante. Fermez les pots immédiatement et retournez-les jusqu'à ce qu'ils refroidissent. Cela permettra de faire le vide d'air et rendra le pot hermétique.

Si la confiture n'est pas suffisamment cuite à la fin du cycle, reprogrammez et surveillez la cuisson.

Confiture de fraises/menthe

Programme : confiture
Pour : 800 g environ

- 500 g de fraises
- le jus d'1 citron
- 4 feuilles de menthe fraîche ciselées
- 500 g de sucre contenant du gélifiant

Lavez et équeutez les fraises, coupez-les en deux et mettez-les dans la cuve avec le sucre et la menthe, ajoutez le jus de citron. Sélectionnez le programme. Une fois qu'il est terminé, versez la confiture encore chaude dans des pots à vis préalablement stérilisés à l'eau bouillante. Fermez les pots immédiatement et retournez-les jusqu'à ce qu'ils refroidissent. Cela permettra de faire le vide d'air et rendra le pot hermétique.

Si la confiture n'est pas suffisamment cuite à la fin du cycle, reprogrammez et surveillez la cuisson.

Confiture de kiwis/bananes

Programme : confiture
Pour : 600 g environ

- 250 g de kiwis
- 250 g de bananes
- le jus d'1 citron
- 2 cs d'eau
- 350 g de sucre contenant du gélifiant

Coupez les kiwis et les bananes. Placez les fruits, le sucre et l'eau dans la cuve, ajoutez le jus de citron.
Sélectionnez le programme.
Une fois qu'il est terminé, versez la confiture encore chaude dans des pots à vis préalablement stérilisés à l'eau bouillante.
Fermez les pots immédiatement et retournez-les jusqu'à ce qu'ils refroidissent. Cela permettra de faire le vide d'air et rendra le pot hermétique.

Si la confiture n'est pas suffisamment cuite à la fin du cycle, reprogrammez et surveillez la cuisson.

Confiture de pommes/poires

Programme : confiture
Pour : 800 g environ

- 250 g de pommes
- 250 g de poires
- 25 g de raisins secs blonds
- 25 g de noix
- le jus d'1 citron
- 500 g de sucre contenant du gélifiant

Coupez les pommes et les poires en cubes et hachez les noix grossièrement. Placez les fruits, le sucre et les raisins secs dans la cuve, ajoutez le jus de citron. Sélectionnez le programme. Une fois qu'il est terminé, versez la confiture encore chaude dans des pots à vis préalablement stérilisés à l'eau chaude. Fermez les pots immédiatement et retournez-les jusqu'à ce qu'ils refroidissent. Cela permettra de faire le vide d'air et rendra le pot hermétique.

Si la confiture n'est pas suffisamment cuite à la fin du cycle, reprogrammez et surveillez la cuisson.

Confiture de pêches/mangues

Programme : confiture
Pour : 800 g environ

- 250 g de pêches jaunes
- 250 g de mangue
- le jus d'1 citron
- 500 g de sucre contenant du gélifiant

Coupez les pêches et la mangue en cubes si vous aimez les morceaux dans la confiture ou mixez-les. Placez les fruits et le sucre dans la cuve, ajoutez le jus de citron. Sélectionnez le programme. Une fois qu'il est terminé, versez la confiture encore chaude dans des pots à vis préalablement stérilisés à l'eau bouillante. Fermez les pots immédiatement et retournez-les jusqu'à ce qu'ils refroidissent. Cela permettra de faire le vide d'air et rendra le pot hermétique.

Si la confiture n'est pas suffisamment cuite à la fin du cycle, reprogrammez et surveillez la cuisson.

Confiture de figues/vanille

Programme : confiture
Pour : 600 g environ

- 500 g de figues
- 1 bâton de vanille
- le jus d'1 citron
- 350 g de sucre contenant du gélifiant

Enlevez les queues des figues et coupez les fruits en deux. Fendez le bâton de vanille dans le sens de la longueur et égrainez-le. Placez les fruits, le sucre et la vanille dans la cuve, ajoutez le jus de citron. Sélectionnez le programme. Une fois qu'il est terminé, versez la confiture encore chaude dans des pots à vis préalablement stérilisés à l'eau bouillante. Fermez les pots immédiatement et retournez-les jusqu'à ce qu'ils refroidissent. Cela permettra de faire le vide d'air et rendra le pot hermétique.

Si la confiture n'est pas suffisamment cuite à la fin du cycle, reprogrammez et surveillez la cuisson.

Confiture de melon

Programme : confiture
Pour : 800 g environ

- 500 g de melon
- le jus d'1 citron
- 500 g de sucre contenant du gélifiant

Coupez le melon en cubes si vous aimez les morceaux dans la confiture ou mixez-le. Placez le melon et le sucre dans la cuve, ajoutez le jus de citron. Sélectionnez le programme. Une fois qu'il est terminé, et versez la confiture encore chaude dans des pots à vis préalablement stérilisés à l'eau bouillante. Fermez les pots immédiatement et retournez-les jusqu'à ce qu'ils refroidissent. Cela permettra de faire le vide d'air et rendra le pot hermétique.

Si la confiture n'est pas suffisamment cuite à la fin du cycle, reprogrammez et surveillez la cuisson.

Confiture d'abricots/amandes

Programme : confiture
Pour : 800 g environ

- 500 g d'abricots
- 50 g d'amandes entières
- le jus d'1 citron
- 500 g de sucre contenant du gélifiant

Coupez les abricots et hachez les amandes grossièrement. Mettez les fruits et le sucre dans la cuve, ajoutez le jus de citron. Sélectionnez le programme. Une fois qu'il est terminé, versez la confiture encore chaude dans des pots à vis préalablement stérilisés à l'eau bouillante. Fermez les pots immédiatement et retournez-les jusqu'à ce qu'ils refroidissent. Cela permettra de faire le vide d'air et rendra le pot hermétique.

Si la confiture n'est pas suffisamment cuite à la fin du cycle, reprogrammez et surveillez la cuisson.

Index

La pastille • signale les recettes avec cuisson au four.
En noir figurent les recettes de Rébecca Pugnale.
En bleu figurent les recettes de Christel Cousin.
En marron figurent les recettes de Sandra de Marin.
En vert figurent les recettes de Cécile Le Hingrat.

PAINS BASIQUES ET VARIANTES

PAINS SALÉS

VIENNOISERIES ET GÂTEAUX SALÉS

PAINS SUCRÉS

VIENNOISERIES ET GÂTEAUX SUCRÉS

CONFITURES

Remerciements

Les couteaux qui figurent sur les images des pages 17, 19, 23, 34 et 82 sont fabriqués par :
Franck Souville
Aux forges d'antan
06 30 68 04 78

Directrice de collection :
Marie-Alexandre Perraud

Montage :
Sean Seaman

Correction :
Capucine Dubois

Romain Pages Éditions
BP 82030
F-30252 - Sommières Cedex
T 04 66 80 34 02
F 04 66 80 34 56
e.mail : contact@romain-pages.com
site web : www.romain-pages.com

Dépôt légal : octobre 2006
ISBN : 978-2-84350-246-0

Impression :
IGS (Toledo, Espagne)
Troisième réimpression – janvier 2007